ERZIEHEN?
ABER JA!

RALF HICKETHIER

IMPRESSUM

© edition Sächsische Zeitung . SAXO'Phon GmbH . Ostra-Allee 20 . 01067 Dresden
www.editionsz.de

Alle Rechte vorbehalten
1. Auflage September 2008

Illustrationen	Anne Helas . www.annehelasdesign.de
Titel & Layout	Ronny Rozum . www.creaface.de
Lektorat	Klaus Gertoberens . www.perpetuum.de.com
Druck	Druckhaus Dresden GmbH . www.druckhaus-dresden.de

Dieses Werk einschließlich aller seiner Teile ist urheberrechtlich geschützt. Jede Verwertung außerhalb der engen Grenzen des Urheberrechtsgesetzes ist ohne Zustimmung unzulässig und strafbar. Das gilt insbesondere für Vervielfältigungen, Übersetzungen, Mikroverfilmungen und die Einspeicherung und Verarbeitung in elektronischen Systemen.
Die im Buch veröffentlichten Ratschläge wurden mit größter Sorgfalt erarbeitet und geprüft. Eine Garantie kann jedoch nicht übernommen werden. Ebenso ist eine Haftung des Verlages bzw. der Autoren für Personen-, Sach- oder Vermögensschäden ausgeschlossen.

ISBN	978-3-938325-52-0

INHALTSVERZEICHNIS

1. EINLEITUNG
Was Kinder brauchen

SEITE 8

2. ELTERN, DIE STANDHALTEN Sie sind die wichtigsten Erzieher ihrer Kinder

SEITE 20

3. DIE WELT NEHMEN, WIE SIE IST und trotzdem nicht den Erziehungsmut verlieren

SEITE 30

4. ORDNUNG IN DIE LIEBE BRINGEN Gerade weil die Liebe das Größte ist, hat sie Anspruch auf eine Ordnung

SEITE 58

5. LIEBE IN DIE ORDNUNG BRINGEN Liebe ist nicht alles, aber alles ist Nichts ohne sie

SEITE 84

6. SCHULPROBLEME UND DIE PUBERTÄT Zuhören und Verstehen – nie war beides so wertvoll wie heute

SEITE 94

VORWORT
Von Bernd Günther
SEITE 4

VORBEMERKUNG
Von Ralf Hickethier
SEITE 5

AUTORENPORTRÄT
LITERATURVERZEICHNIS
SEITE 112

VORWORT
Von Bernd Günther

ICH FRAGE MICH: Was ist es wohl für ein „Stoff", der es uns ermöglicht, erzieherisch wirksam zu sein und im Ergebnis Menschen zu befähigen, selbstbestimmt eigene Wege zu gehen? Ich bin sicher, dass es in erster Linie Vertrauen in der Beziehung ist, das immer wieder neu entsteht. Ich erlebe, dass es besonders meine Haltung dem anderen gegenüber ist, welche ihn motiviert, mir zu folgen. Und diese meine Haltung muss nicht ständig argwöhnisch danach suchen, ob es denn wohl pädagogisch legitim ist, was ich da so initiiere. Und sie benötigt auch nicht den um das Kinderzimmerfenster fliegenden Psychologen, der immer und ständig wacht, ob wir denn richtig liegen mit unseren Ansichten über Erziehung. Nein, meine Haltung dem anderen Menschen gegenüber hat etwas mit „Meinung vertreten" zu tun, das ist zunächst ein offenes Angebot. Dem kann man folgen, muss es aber nicht. Das, lieber Ralf, was uns in „unserem Feld" so umtreibt, ist unter anderem gerade die Beliebigkeit, die jeweils dem hinterher rennt, was die Gedankenmode ansagt, also das Gegenteil von „Meinung haben". Diese Beliebigkeit, insbesondere zu Fragen der Erziehung, scheint die Gesellschaft tief erfasst zu haben. Die Auswirkungen diskutierst Du in Deinem Buch. Ich bin Dir dankbar, dass Du den Leser in seiner Meinungsbildung unterstützt und ihn gleichzeitig stark machst, wir brauchen diese Diskussion dringend! Ich wünsche Deinem Buch eine aufgeschlossene und diskussionsfreudige Leserschaft und Dir die Energie, Dich dieser Diskussion ein aufs andere Mal neu zu stellen.

Bernd Günther ist 1. Vorsitzender des Vereins zur Beratung, Förderung und Bildung arbeitsloser Jugendlicher und Erwachsener e.V., Grünstadt

VORBEMERKUNG
Von Ralf Hickethier

„FALLEN WIR IN DIKTATORISCHE ZEITEN ZURÜCK, wenn wir versuchen, uns über die Leitlinien einer Erziehungskultur zu verständigen? Ist es nicht gerade ein Merkmal einer entwickelten Demokratie, dass die Individualität von Menschen und Familien und damit auch Erziehungsstilen stark variiert? Ich denke, zum einen geht es bei Leitlinien um Grundsätze, Kernpunkte oder Konstanten der Erziehung, die eine Vielzahl unterschiedlicher individueller Ausdrucksformen zulassen und zum anderen geht es mir vor allem um den Prozess der Diskussion selbst nach der Devise ‚Der Weg ist das Ziel'. Ich glaube nicht, dass wir diese Diskussion irgendwann ein für alle Mal beendet haben und uns von da an einig sind, was richtig und falsch ist. Das ist wie bei der gesunden Ernährung. Trotzdem halte ich es für unverzichtbar, dass wir über solche lebenswichtigen Themen wie Gesundheit und Erziehung immer wieder neu diskutieren. Wir brauchen klare Anhaltspunkte für eine gute Erziehung, gerade weil die Welt, in der wir alle leben, so unübersichtlich, individualistisch, vielfältig und gegensätzlich ist." Das hatte ich am 30. April 2003 im zehnten Artikel meiner Kolumne „Erziehen? Aber ja!" in der Sächsischen Zeitung geschrieben.

DIESEN GEDANKEN MÖCHTE ICH DEM BUCH VORANSTELLEN. Es ist hervorgegangen aus dieser Kolumne. Ich habe von inzwischen fast 200 Beiträgen 55 ausgewählt und sie überarbeitet. Mein Buch hat eine Schwäche bzw. Stärke, je nachdem, wie man es sieht: Ich sehe meine Aufgabe nicht nur darin, psychologische Gedankenanregungen zu geben, wie Kinder im gegebenen gesellschaftlichen System besser erzogen werden können. Ich will auch an größeren Schrauben drehen, mich nicht einfach mit dem Entwicklungsstand dieses Systems abfinden, als wenn es seinen ewigen Endpunkt erreicht hätte. Nein, es geht immer weiter, es gibt noch viel zu verbessern, zuerst bei den gesellschaftlichen Rahmenbedingungen von Erziehung und Bildung. Das erzählt bis zum Überdruss allerdings jeder hier, der als Verantwortlicher auf die Jugend als unsere Zukunft hinweist.

ICH MEINE DAS ETWAS ANDERS: Ich will Ihre Aufmerksamkeit auf die Erziehung als Grundlage jeder Bildung richten, auf eine „Erziehungspolitik" sozusagen – nicht einmal dieses Wort gibt es in Deutschland, geschweige denn, die Praktizierung seines Inhalts. Ich möchte mit Ihnen zusammen nachdenken, wie wir uns dieser Begrifflichkeit entschieden bewusster werden und sie vor allem mit dem notwenigen praktischen Handeln im öffentlichen Raum, in den Schulen und Familien verbinden können. Nur dann kann Erziehung auch im Einzelfall viel besser gelingen, als das bisher in Deutschland der Fall ist. Nur dann müssen zeugungs- und gebärfähige Menschen nicht mehr so viel Angst vor den Ansprüchen ihrer potentiellen Kinder haben, so dass sie sich in einem der reichsten Länder der Welt lieber erst gar keine anschaffen.

DAS GANZE „DORF" DEUTSCHLAND MUSS ANFANGEN offensiver und mutiger Erwartungen an das Verhalten seiner Bürger zu stellen, besonders an die, die das Leben gerade erst lernen. Dann muss nicht jede Familie das Rad immer wieder neu erfinden. Dann sind die Kämpfe um ein gutes Verhalten weniger persönliche Machtkämpfe, verbunden mit (gekränktem) Stolz und Eitelkeiten. Dann gilt einfach: Bei uns in Deutschland ist das so, das liegt in seiner Luft: Gewalt ist tabu; alles muss denk- und sagbar sein, so lange der Kampf der Gedanken nicht zu einer Bedrohung des Lebens der anderen wird; Höflichkeit und gegenseitige Rücksichtsnahme sind „in"; Pflichtbewusstsein, Zuverlässigkeit, Ordnung und Pünktlichkeit bestimmen seit Jahrhunderten das Ansehen unserer Volkes. Wir wollen diesen „roten Faden", der unsere Geschichte durchzieht, wieder bewusster aufgreifen. Wir können das stolz tun, weil wir inzwischen – wieder – gelernt haben, zugleich großzügig, tolerant, optimistisch und humorvoll zu sein.

HINWEISE ZUM LESEN DER KOLUMNEN

ICH STELLE MEINE ERZIEHUNGSPHILOSOPHIE zunächst in einer bisher unveröffentlichten Zusammenfassung vor. Was Kinder im psychologischen und pädagogischen Sinn brauchen, haben sie schon als „Kleine" nötig, damit können Eltern nicht plötzlich mittendrin anfangen. Dann würden sie nur die Bestätigung für das bekommen, was sie innerlich sowieso befürchten: Es klappt nicht. Eltern, die ihre Kinder bisher anders erzogen haben, müssten sich erst einmal klar werden, ob sie es wirklich so tun wollen, wie ich es vorschlage. Ich habe absichtlich nicht geschrieben: „ob sie es wirklich so versuchen wollen ..." Nein, wer nicht überzeugt ist davon, dass es so richtig ist, sollte sich lieber erst um einen neuen Plan bemühen, der ihn überzeugt, bevor er anfängt zu handeln. Ich bin sicher, es ist besser, etwas nur Halb-Richtiges überzeugt und mit Gewissheit zu tun, also ganz, als etwas Ganz-Richtiges zögerlich, ängstlich und unsicher, also nur halb. Das gilt immer, aber besonders bei der Erziehung von Kindern.

SIND SIE VON MEINER ERZIEHUNGSPHILOSOPHIE ÜBERZEUGT – in Einzelheiten wird es immer Meinungsverschiedenheiten geben –, dann sollten Sie trotzdem nur schrittweise mit der Umgestaltung Ihrer Erziehungspraxis beginnen. In vollem Tempo können wir das Steuer nicht herumreißen. Also erst einmal anhalten auf dem Lebensweg, in Ruhe nachdenken und mit den wichtigsten Lebenspartnern darüber diskutieren. Dann erst vorsichtig wieder losfahren, jetzt aber konsequent die neue Richtung ins unbekannte Gelände einhalten. Dabei aber nicht alles auf einmal schaffen wollen, sondern Etappe für Etappe mit neuen Zwischenhalten. Während des Fahrens (Erziehens) aber immer dran bleiben: Sich selbst und dem Kind wirklich eine Chance geben. Nicht wie ein blutiger Anfänger hektisch mal nach dort und dann wieder andersherum lenken, weil die Wirkung entgegengesetzt zu sein scheint, wenn wir nicht abwarten können. Dabei bleiben und erst dann in Ruhe prüfen, was es gebracht hat.

1. EINLEITUNG
Was Kinder brauchen

DIESES ERSTE KAPITEL IST DAS KONZENTRAT, die geistige Grundlage und das ausführliche Resümee aller nachfolgenden Kapitel. Hier können Sie zusammenfassend und auf einen Blick meine gesamte Erziehungsphilosophie kennen lernen.

KINDER BRAUCHEN STARKE ELTERN
Auch andere Erwachsene können diese Rolle übernehmen

DIE ELTERN SIND DER „BOSS". Sie tragen die Verantwortung, dazu gehört der Mut, Ihre Kinder zu führen. Eltern, die es besonders gut meinen, wollen ihren Kindern folgen, diesen nichts aufzwingen. Das ist ein schwerwiegender, grundlegender „Systemfehler" im Programm Erziehung. Alle folgenden Anwendungen werden behindert, wenn sie nicht ganz abstürzen.

» *Wenn sich Eltern nicht durchsetzen können, mindern sie das Lebensgefühl ihrer Kinder, kleine Kinder hängen ganz von ihren Eltern ab: Sie können sich nur so gut und stark fühlen, wie sie spüren, dass ihre Eltern es sind.*
» *Sensible Kinder brauchen das Gefühl „Mein(e) Mutter/Vater ist stark. Er/sie weiß, wo es lang geht und was zu machen ist", weil sie besonders des Schutzes und des Rückhalts durch ihre Eltern bedürfen.*
» *Robuste Kinder sind auf die Stärke ihrer Eltern angewiesen, weil sie sonst außer Rand und Band geraten. Sie brauchen Ordnung und Halt für ihre eigene Wildheit und ihren Übermut.*

KINDER BRAUCHEN SEELISCHE WÄRME
Sie brauchen die Grundstimmung, geliebt zu werden

DU KANNST ÄRGER KRIEGEN, aber du wirst meine Zuneigung nicht los. Du bleibst und bist als Person liebenswert, auch wenn dein Handeln in einer bestimmten Situation verkehrt war.

ES GEHT UM DIE GRUNDSÄTZLICHE LEBENSEINSTELLUNG, dass es für alles eine Lösung gibt. „Wo ein Wille ist, ist ein Weg und wir haben diesen Willen." Auch in einer komplizierten Angelegenheit gibt es immer eine Stelle, von der aus es weitergeht. Und: Humor ist, wenn wir trotzdem lachen.

» *Alles hat Vor- und Nachteile. Sogar das Traurigste und Schlimmste hat zumindest kleine gute Seiten, die zum großen Guten weiter führen können, wenn wir sie nur suchen und sehen wollen. Das schönste Gefühl ist, glücklich zu sein; das Schlimmste ist nicht, traurig zu sein, wenn das mit starken, „heißen" Gefühlen verbunden ist, sondern das ist das Zweitschönste. Das Schlimmste ist Apathie, Leere, gar kein Gefühl zu haben. Fehler und Krisen sind dazu da, aus ihnen zu lernen. Dann haben sie auch ihren Sinn und ihren Nutzen.*

» *Etwas, was wirklich gut gemeint und aus Versehen schief gegangen ist, wird großmütig verziehen, vor allem und sowieso, wenn derjenige, dem das passierte, von allein traurig ist über seinen Fehler und erst recht, wenn er auch noch den Mut hatte, ihn von allein zuzugeben.*

KINDER BRAUCHEN KLARE REGELN
Sie müssen genau wissen, was von ihnen erwartet wird

DAS IST WIE BEIM LOTTO: Nur wer spielt, kann gewinnen. Nur wer fordert, kann etwas erreichen. Wenn Erwartungen nicht klar geäußert werden, ist von vornherein klar, sie können nicht erfüllt werden, ungeachtet der vielen Schwierigkeiten, die sowieso noch dazu kommen. Besser sind wenige große Lebenslinien, die dann aber auf jeden Fall gelten, als zu viele Einzelheiten. Andererseits ist es auf diesen Linien unbedingt nötig, auf eine hohe Dichte praktischer Punkte (Einzelheiten) zu achten, die die Linie erst entstehen lassen. Es ist paradox: Wir müssen großzügig sein bei der Auswahl dessen, was wirklich wichtig ist beim Handeln der Kinder – lieber weniger als zu viel – und dann konsequent bei der praktischen Umsetzung dieser großen „Lebenslinien". Großzügig bei Kleinigkeiten, die nicht auf diesen Linien liegen. Kleinlich konsequent beim praktischen Auf-den-Punkt-Bringen der großen Linien. Die große Kunst bei der Erziehung ist also, beides richtig zu können: Das Großzügigsein und das Kleinlichsein. Und das an der richtigen Stelle.

BEISPIELE FÜR FAMILIENREGELN
» Wir können mit unseren Eltern über alles reden. Aber ob jetzt Zeit für Diskussionen ist, entscheiden sie. Wenn Eltern und Kinder sich nicht einig werden, bestimmen erst einmal die Eltern.
» Gegenseitiges Bloßstellen und Beleidigen vor anderen ist tabu.
» Erst Ohr, dann Mund. Wir hören genau und richtig zu. Wir fragen ruhig nach, wenn wir etwas nicht richtig verstanden haben. Erst dann kommt das eigene Anliegen.
» Wir grüßen Erwachsene, die unsere Eltern oder Großeltern sein könnten, freundlich zuerst.
» Jeder räumt gleich auf, was er sich außerhalb des Kinderzimmers genommen hat. Im Kinderzimmer wird spätestens abends aufgeräumt.
» Erst werden die Pflichten erledigt, dann kommt das Spielen.
» Der Fernseher und alle Geräte, die nicht im Kinderzimmer stehen (Videorekorder, Computer), dürfen nur mit Erlaubnis der Eltern angestellt werden. (Bevor Kinder 16 Jahre alt sind, würde ich ihnen keinen eigenen Fernsehapparat geben, ein Computer ohne Internet-Verbindung kann ihnen schon weit vorher beim Lernen helfen.)
» Wir kommen pünktlich zum Essen. Wir fangen erst an, wenn alle da sind. Die Kinder bleiben sitzen, bis sie aufstehen dürfen. Zwischendurch gibt es ohne Erlaubnis nur Obst und Gemüse. Wir essen ordentlich.
» Das kindliche Handeln wird sofort unterbrochen und thematisiert bei: Schlagen, Beißen oder Treten insbesondere gegenüber Schwächeren und erziehenden Personen. Ebenso bei Beleidigungen, Unhöflichkeit und Respektlosigkeit, insbesondere wenn es sich dabei um die eigenen (Groß-) Eltern, Lehrer oder ältere Menschen handelt.

KINDER BRAUCHEN „GANZE SACHEN"
Alles zu seiner Zeit und dann richtig

AUFMERKSAMKEIT IST DIE HÄRTESTE WÄHRUNG FÜR KINDER. Es muss nicht schlimm sein, wenn Sie nur relativ wenig Zeit für Ihre Kinder haben. Wenn Sie pro Tag nur eine Stunde richtig, voll und ganz für Ihre Kinder da sind, ist das viel besser als den ganzen Tag nur mit halbem Ohr und halbem Herz mit ihnen zusammen zu sein. Bei Größeren kann dafür sogar eine halbe Stunde reichen, wenn Sie sich dafür in längeren Abständen mal einen ganzen Tag oder ein ganzes Wochenende für Ihre Kinder Zeit nehmen. Wenn wir reden, wird geredet ohne Fernsehen und andere Ablenkungen. Beim Spielen, ist das ebenso.

NUR EINES GEHT GLEICHZEITIG IN DER KLEINEN GEMEINSCHAFT DER FAMILIE: Gut und mit Genuss zusammen essen und dabei gut und mit Genuss miteinander reden und sich zuhören beim Austausch von Gedanken und Gefühlen (allerdings natürlich nicht mit vollem Mund). In der großen Gemeinschaft des Kindergartens oder der Schule heißt es: Erst essen und dann reden.

WENN WICHTIGES ZU SAGEN IST, WIRD DAS ANGEKÜNDIGT
» *Wir suchen uns einen ruhigen Platz.*
» *Wir halten inne.*
» *Wir sehen uns an.*
» *Wenn das Kind sich nicht konzentrieren kann, halten wir sanft aber entschlossen seinen Kopf fest.*
» *Wir vergewissern uns der aufgebauten Beziehung: „Ich bin jetzt nur für dich da!" - „Bist du auch da?" – „Hast du deine Ohren auf Empfang gestellt?" – „Passt du genau auf?"*
» *Wir „versenken" unsere Botschaft so einfach und persönlich wie möglich („Ich ...") in die Seele des Kindes und vergewissern uns, ob und wie sie verstanden wurde.*
» *Wir nehmen die Worte des Kindes ernst. Wir wollen durch Rückfragen genau verstehen, was es meint.*

KINDER BRAUCHEN ELTERN, DIE SICH VERSTEHEN
Der Vater darf nicht hinter dem Kind zurückstehen

DIE ELTERN SIND VIEL MEHR als die – wechselnden – Freunde ihrer Kinder. Sie sind in der Kindheit und Jugend des Nachwuchses die verantwortlichen Anführer der Familie. Die Elternbeziehung ist die Grundlage, das primäre Fundament der Mutter-Kind- und Vater-Kind-Beziehung. Kinder können die Liebe, die sie sowohl von der Mutter als auch vom Vater erhalten, am besten wertschätzen und auch verwerten, wenn sie diese – wie bei einer „emotionalen Parallelverschiebung" – auch zwischen ihren Eltern beobachten können. Das bei den wichtigsten Bezugspersonen Beobachtete (dann auch) selbst zu erleben, wirkt viel intensiver als es nur zu beobachten. Das trifft im übertragenen Sinn auch für die Schule zu: Dort ist die Lehrer-Lehrer-Beziehung die Grundlage und das Fundament der Lehrer-Schüler-Beziehungen. Das gilt für den Vater auch dann, wenn sich der langersehnte Nachwuchs eingestellt hat. Er darf dann nicht hinten angestellt werden. Wenn der Vater in den Augen der Mutter nur noch die „Nummer Zwei" nach dem Kind ist, dessen Wert vor allem nach den einzelnen Dienstleistungen bemessen wird, die er für das Kind und die kinderbetreuende Mutter zu erbringen hat und er nicht Teil der tragenden Familienbeziehung bleibt, ist das der Anfang vom Ende einer Familie. Die rigorose Konzentration aller Liebe auf das neugeborene Kind, kommt diesem dann mittel- und langfristig teuer zu stehen. Es verliert schlimmstenfalls seinen Vater.

EINE FAMILIE IST SO GUT, wie die Beziehung zwischen Frau und Mann ist: Aus ihrer grundsätzlichen Übereinstimmung in Lebens- und Erziehungsfragen resultiert die gute Entwicklung ihrer Kinder. Vater und Mutter bleiben dies in Bezug auf ihre Kinder immer, auch dann, wenn sie nicht mehr in der Familie leben. Zugleich – sozusagen parallel dazu – müssen langfristig bewährte „Stellvertreter" der nicht mehr in der Familie lebenden Väter oder Mütter die Chance haben, in die verantwortliche Elternposition hineinzuwachsen. In Grundsatzfragen wird nichts entschieden ohne den leiblichen Elternteil außerhalb der Familie. In den Alltagsfragen entscheiden die Alltagseltern. Es wäre gut für die ganze Familie, wenn auf die Dauer ein väterlicher Freund der Kinder zu ihrem freundlichen Vater – „Nummer Zwei" – werden könnte, ohne den leiblichen Vater „Nummer Eins" zu verdrängen. (Das ist ähnlich kompliziert wie bei der doppelten Staatsbürgerschaft – das Bemühen darum lohnt sich in der Familie auf jeden Fall.)

ICH HABE ABER SELBST ERLEBT, dass das im Alltag nicht immer funktioniert. Wenn die Erwachsenen besondere Probleme miteinander haben und daraus die Gefahr seelischer oder körperlicher Verletzungen des Kindes resultiert, kann es auch nötig werden, stoisch zu seinem Kind zu stehen. Eltern sollten sich rechtzeitig und immer wieder bemühen, solche Probleme miteinander zu klären, damit den Kindern eine Spaltung der Familie erspart bleibt.

» *Wenn einer auf das Kind wütend ist, muss das der andere nicht auch sein. Er kann und soll freundlich bleiben. Stil und Ton können und sollen zwi-*

schen den Eltern variieren, denn es sind individuelle Persönlichkeiten und das sollen ihre Kinder auch werden, aber von der Sache her sollen Eltern an einem Strang ziehen oder den Partner in Ruhe in der Abwesenheit des Kindes überzeugen, dass er falsch liegt.
» Es sollte immer möglichst derjenige Elternteil ein Verbot oder eine Strafe zurücknehmen, der das so entschieden hatte.

KINDER BRAUCHEN ERMUTIGUNG UND BESTÄRKUNG
Tadel muss wohl dosiert werden

ELTERN, DIE IMMER NUR SCHIMPFEN, brauchen dann bald ein Megaphon, um noch gehört zu werden, und den Kindern bleibt nichts anderes übrig als eine Hornhaut auf den Ohren. Kinder lernen so, sich die lebenswichtige Aufmerksamkeit durch ein negatives Verhalten zu erzwingen. Sie brauchen ihre Eltern immer wieder voll und ganz, ihre Zuwendung mit ganzer Intensität. („Nur du mein Kind und ich und sonst gar nichts." Besser noch: „Nur du, unser Kind, und wir und sonst gar nichts.") Das Grausame an der Lebensrealität ist, dass dies im Bösen viel leichter „gelingt" als im Lieben. (Unbewusst denkt so ein Kind: Wenn Mutti tobt, ist sie ganz nur für mich da. Ich genieße das, deswegen treibe ich sie immer wieder dahin.) Eltern, die ihre Kinder vor allem beim Guten „erwischen" wollen, zeigen damit die Stärke ihrer mütterlichen oder väterlichen Liebe. Werden die kleinen Keime des guten Verhaltens erkannt, beachtet, gelobt, gehegt und gepflegt (wie beim Besprechen von Pflanzen), ist die Chance hoch, dass daraus etwas Gutes wächst. Eine heimtückische Gefahr des Lebens besteht darin, dass der Fehler, der zu einer Störung des eingespielten Alltags führt, viel mehr auffällt, als das gute Tun, das einen reibungslosen Alltag gewährleistet.

» *Solange das Auto „schnurrt" und problemlos fährt, wird sein „Innenleben", das, was der „Charakter" unter der Motorhaube ist, von schlechten Fahrern nicht beachtet und nicht gepflegt. Bleibt es dann unerwartet stehen, weil kein Öl nachgefüllt und der Luftfilter nicht gewechselt wurde, toben und fluchen solche Leute, ohne daran zu denken, dass sie durch das langfristige Unterlassen jeder Pflege für diesen Schaden selbst verantwortlich sind.*

KINDER BRAUCHEN KONSEQUENTES HANDELN
Gerade im alltäglichen Leben der Familie ist dies unerlässlich

....

AM ANFANG IST NICHT DAS WORT, sondern die Tat, das gilt jedenfalls für Erziehung, und zwar doppelt: Zum einen reicht es nicht, aus einem Meter Abstand zu sagen „Ich liebe dich". Kinder müssen das körperlich erleben, sie müssen ihren Kopf in die große Hand von Vater oder Mutter schmiegen können, auf dem Schoß sitzen, umarmt und gehalten werden. Zum anderen lernen sich Gründlichkeit, Aufmerksamkeit und Ausdauer nicht durch Reden, sondern nur durch das immer wieder Üben von praktischen Handlungen, die diese Eigenschaften erfordern. Dafür eignet sich die Erledigung häuslicher Pflichten besonders gut. „Wem immer Liebe gepredigt wird, der lernt nicht etwa Liebe, sondern predigen", sagt Alice Schwarzer.

ES GIBT NICHTS GUTES, AUSSER MAN TUT ES – auch wirklich zu Ende. Eltern müssen immer wieder darauf achten. Freundlich, geduldig und konsequent fordern sie die erforderlichen Nacharbeiten ein. Sonst gewöhnen sich die Kinder an ihre Meckereien, schalten einfach auf Durchzug und sagen sich: „Das wird schon gleich vorbei sein". Dann lernen sie nie Ausdauer, Gründlichkeit und Genauigkeit, sondern sich darauf zu verlassen, dass Mutter oder Vater ihre Fehler oder Nachlässigkeiten schon ausbügeln werden. Am besten lernt und versteht man, was man selber tut. Lassen Sie Ihr Kind an der Grenze dessen, was es kann, tätig werden. Nur dann verschiebt sich diese Grenze weiter nach vorn. Nicht herumschreien und toben, sondern eine ruhige Konsequenz der Tat: Fehler und Nachlässigkeiten sind dazu da, wieder gut gemacht oder nachgeholt zu werden. Fällt dem Kind etwas herunter, hebt es das selbst auf, und reinigt den Boden oder den Tisch so gut es das kann. Das ehrliche und wirkliche Bemühen zählt, nicht unbedingt der volle, praktische Erfolg. Dafür bleibt ihm lautes Herumgeschimpfe erspart.

» *„Einmal dumm gestellt, reicht fürs ganze Leben" – das darf sich als Lebensmaxime nicht verfestigen.*
» *Häusliche Pflichten sind kein Spielfeld kindlicher Lust, sondern dienen zuerst dem Erleben von Gemeinschaft und von Verantwortung für die Gemeinschaft: Viele Hände machen der Arbeit schnell ein Ende. Dann haben Mutti oder Vati eher Zeit für die Familie. Jeder leistet den Beitrag für die ganze Familie, den er aufgrund seiner Kraft und seiner Fähigkeiten leisten kann,*

nicht weil er Spaß daran hat, sondern weil das für alle notwendig und nützlich ist.
» Wenn ein Kind angefangen hat, etwas selbst zu tun, was auch für andere wichtig ist, zum Beispiel den Tisch zu decken, dann muss es dies auch zu Ende bringen, zumindest bis zu einem Teilergebnis. „Ich habe aber keine Lust mehr", ist nur für Babys ein Argument. Schon auf kleine Kinder muss man sich in kleinen Sachen verlassen können, sonst lernen sie später nie, in großen Sachen verlässlich zu sein.
» Ein Hauptproblem heutiger Schulkinder ist mangelnde Ausdauer, Konzentration und Gründlichkeit. So etwas lernen Kinder nur durch die beschriebene Konsequenz beim praktischen Teilhaben am Familienleben.

KINDER BRAUCHEN „GESTALTEN" FÜR IHRE GEFÜHLE
Bilder, Töne, Wörter – dann können sie das Gefühlte gut verarbeiten

DIE ELTERN SIND IHNEN DABEI EIN VORBILD, indem sie ihre Gefühle zeigen und über sie reden. Allerdings können auch Gefühle – wie alles andere – durch eine „Inflation" entwertet werden. Es geht wie immer um einen guten Rhythmus.

SO WIE ZWISCHEN „Anstrengung und Entspannung", „konsequenter Forderung und verständnisvollem Nachgeben", „Führung und Freiheit", „Lob und Tadel", „Alltag und Feiertag" muss auch das Verhältnis zwischen „Sachlichkeit und Gefühligkeit" gut ausgewogen sein. Das Erstgenannte bei diesen Paaren sollte das Primäre, die Grundlage sein, von dem aus sich das Zweitgenannte gut abheben kann. In Bezug auf Gefühle sollen Eltern immer von sich als Einzelpersonen reden, denn Gefühle sind sehr individuell, egal ob es sich um gute oder schlechte handelt: Also „Ich" sagen, anstatt sich hinter anderen zu verstecken. Bei sicherer Übereinstimmung zwischen Vater und Mutter kann natürlich – in Ausnahmefällen – auch das Wort „Wir" angebracht sein.

» *Gute und schöne Gefühle sollten Eltern in jedem Fall versuchen, ihren Kindern zu beschreiben. Aber auch hier kommt das Empfangen (Hören, Sehen, Riechen, Schmecken, Tasten) vor das Senden (Sprechen, Zeigen, Essen zubereiten...). Zum Beispiel: „Seid mal ganz still! ... Hört ihr das leise*

Brummen des Flugzeugs? Das ist so friedlich, so sanft, so beruhigend."
So etwas zu sagen und zu verstehen ermöglicht ein regelrechtes Gefühlstraining. Wenn eine positive Stimmung wirklich ankommen kann, weil alle geduldig und aufmerksam genug dafür sind, entsteht von allein eine Motivation, miteinander nach den treffenden Worten zu suchen. Auch wenn kleine Kinder noch weniger Wortmaterial zur Verfügung haben, sind sie andererseits besonders kreativ, ihr vorhandenes Sprachwissen zu variieren und zu verbinden, um dem Gefühlten und Gemeinten doch noch nahe zu kommen. Unabhängig davon, ob solche kindlichen Vergleiche Bestand haben können, regen sie in jedem Fall das Denken und Fühlen an.

» Die bewusst erlebte Schönheit der Welt kann dauerhaften Trost in Situationen des Verlustes und der Niederlage spenden. Traurige Gefühle der Schwäche, des Scheiterns und des Versagens und auch der Enttäuschung gehören zwangsläufig zum Leben. Je offener und direkter die starken Eltern sie in ruhigen Situationen der Besinnung äußern können, in der alle Familienmitglieder Zeit und Muse haben, sich aufeinander einzustellen, desto besser lernen Kinder, später selbst mit solchen Belastungen gut umzugehen.

» Wichtig für die Kinder ist die Erfahrung, dass es gar nicht in erster Linie darum geht, schnell Lösungen zu finden, als vielmehr die Situation in Ruhe und ausführlich von verschiedenen Seiten darzustellen und sozusagen „auszufühlen" mit Phasen des Überschlafens und vor allem mit dem Grundvertrauen, dass sich so oder so schon eine Lösung ergeben wird.

KINDER BRAUCHEN KONFRONTATION UND STRAFE
Wenn sie absichtlich Regeln verletzen, die ihnen gut bekannt sind

BESONDERS (VOR)LAUTE, ÜBERMÜTIGE UND ROBUSTE KINDER brauchen für die Erfahrung, dass ihre Eltern stärker sind als sie selbst und sich durchsetzen können, ab und zu auch deren Konfrontation und Zurückweisung, wenn sie ein inakzeptables Verhalten trotz Ermahnung bewusst fortgesetzt haben. Die Strafen der „sehenden Eltern", die ihre Kinder gut kennen, sollen die negativen Erfahrungen und Schmerzen gezielt und kontrolliert vorweg nehmen, die eine „blinde Welt", die das einzelne Kind nicht kennt, ihnen zufügen wird, wenn es nicht lernt, ein falsches Verhalten abzulegen. Es darf nur derjenige ein Kind bestrafen, der es in seiner Persönlichkeit respektiert und mag. Am besten ist es, wenn die Personen strafen, die das Kind auf mütterliche oder väterliche Weise lieben. Bei elementaren Anforderungen, von deren Notwendigkeit die Eltern überzeugt sind, muss den Anfängen ihrer Missachtung entschlossen widersprochen werden.

» *„Stiller Stuhl": „Aussetzen" und Besinnung auf einem Stuhl oder in einem Raum, der vom momentanen Leben der Gemeinschaft getrennt ist. Das kann in der Regel das eigene Kinderzimmer sein.*
» *Festhalten des Kindes auch gegen seinen Willen durch eine elterliche Person, der es grundsätzlich und tief vertraut, wenn es selbst außer sich vor Wut ist und andere bzw. sich selbst gefährdet oder selbst sehr leidet unter einem dauerhaften Verstockt- und Verschlossensein, das es – gegen seinen eigenen tiefen Willen – hindert, belastende und ängstigende Gefühle und Gedanken auszudrücken. Jirina Prekop, die das Festhalten als Therapie und Lebensweise psychologisch und pädagogisch weiterentwickelt hat, legt großen Wert auf die Betonung, das Festhalten niemals im Sinne einer erzieherischen Strafe zu verwenden. Ich folge ihr insofern, dass das Festhalten als sozusagen rein technische Erziehungsmaßnahme in der Tat nicht gelingen kann. Es setzt eine intensive Seele-Seele-Beziehung voraus, und das Ziel ist immer eine Vertiefung dieser Beziehung. Wir sollten aber nicht zu viel um Worte streiten, denn für eine gute erzieherische Strafe trifft dies ebenfalls zu. Strafe ist die Form der Zurückweisung eines Verhaltens, also die Form des Tadelns, die über das Kommunikative hinaus mit konkretem praktischen Handeln verbunden ist, entweder als Auflage für den Bestraften oder als Tun des Strafenden. Ich gebe aber zu, dass das Wort „Strafe" einen beängstigenden Klang hat und insofern bin ich auch einverstanden damit, das Festhalten nur als Form der Konfrontation und der daraus folgenden Wiederherstellung, „Reinigung" oder sogar Heilung von Beziehungen zu verstehen.*
» *Nacharbeiten aller Art, wenn Aufgaben unvollständig oder nicht gründlich erledigt wurden.*
» *Insgesamt sind Gebote – auch als Strafe – besser als Verbote. Verbote führen zu einem passivem Verzicht, trainieren das Abwarten, was durchaus auch gelernt werden muss. Wichtiger ist aber die Verpflichtung zu einem konkreten aktiven Tun als Wiedergutmachung oder Voraussetzung zum „Wiedergutsein" der Eltern oder anderer erziehender Personen, weil das Kind damit praktisch zeigen kann, dass es seinen Fehler wirklich eingesehen und bereut hat.*

WER EINE SCHULD EHRLICH ZUGIBT und nach seinem Eigenanteil sucht, dem ist schon halb verziehen. Fehler sind menschlich, Fehler sind nicht das Problem. Das Problem ist, Fehler nicht zugeben zu können und die Schuld zuerst und vor allem nur außerhalb von sich zu suchen. Dann ist es nicht möglich aus Fehlern zu lernen, denn die anderen und die Umstände können wir nur viel schlechter ändern als uns selbst. Eltern müssen daher von ihren Kindern verlangen, dass sie bei Konflikten zuerst die Schuld bei sich selbst suchen und das bestärken, indem sie zum einen bei der Besprechung kindlichen Verhaltens, das (weit) unter ihren Erwartungen geblieben ist, trotz allen Ärgers und trotz aller Enttäuschung von der Grundlage ihres Gefühls immer Wohlwollen und Verständnis „durchschimmern" lassen, so wie die warme Sommersonne bei einem Gewitter. Zum anderen sollten sie es selbst vormachen: Worin besteht mein Anteil bei den Fehlern meiner Kinder, was habe ich dazu beigetragen? Aber aufpassen, das heißt nicht, dem Kind das Suchen nach seinem Anteil zu erlassen. Das ist erst recht zu fordern, weil die Eltern durch ihr Vorangehen dem Kind diesen schweren Weg erleichtert haben.

» *Wer soll etwas so Schwieriges verlangen können, wenn nicht die Menschen, die am innigsten mit den Kindern verbunden sind, die Eltern?*
» *Das Verstecken hinter schwierigen Umständen, das Verantwortlichmachen anderer für eigene Fehlleistungen können Menschen von allein, darin muss ein Kind nicht bestärkt und belehrt werden, wohl aber darin, die Schuld zuerst bei sich zu suchen, bevor die Fehler anderer zur Entlastung gesucht und benannt werden, was dann durchaus auch geschehen soll. Das ist sogar unverzichtbar, um das Vertrauen zu erhalten, aber es soll der zweite Schritt nach dem ersten bleiben.*

Ich danke den Kindergärtnerinnen der Kitas der Volkssolidarität Leipzig für Hinweise bei der Erarbeitung dieser Zusammenfassung, insbesondere denen aus der Yorckstraße 43 a und b.

2. ELTERN, DIE STANDHALTEN
Sie sind die wichtigsten Erzieher ihrer Kinder

KINDER STARK ZU MACHEN, ist ein Hauptziel jeder Erziehung. Nur starke Kinder können sich gegen Abhängigkeiten, welcher Art auch immer, behaupten. Glauben sie an sich selbst, sind sie stolz auf ihre unverwechselbare Eigenart, dann sind sie davor gefeit, nachzuäffen, was angeblich „in" ist.

WIE ENTSTEHT DIESE STÄRKE DER KINDER? Wächst sie, indem sich Eltern zurücknehmen und ihren Kindern Raum lassen für eigene Erfahrungen oder indem sie selbst stark sind, auch beim Erziehen ihrer Kinder? Beides! Aber in umgedrehter Reihenfolge: Wenn Eltern eindeutig und klar die Erzieher ihrer Kinder waren, wenn sie in ihrer Seele die Grundlagen eines guten Verhaltens in Form von Gewohnheiten verankert haben, können sie im Jugendalter zunehmend in den Hintergrund treten und dort als Reserve für kritische Lebenssituationen in Bereitschaft stehen. Was ist ein „gutes" Verhalten? Es ist zuerst gemeinschaftsbezogen und beinhaltet eine Kultur, die sich umschreiben lässt mit: Zuerst die Pflicht und dann der Spaß, aber beides richtig und nicht kleinkariert. Sie ist mit Anstrengung verbunden, mit Ausdauer und Geduld. Kinder können das nicht von allein schaffen.

DIE KINDLICHE NATUR WILL SPASS, NICHT-WARTEN-MÜSSEN, DEN SIEG. Dieser „Trieb" ist von allein da, er braucht eine Kultur der Alten, insbesondere der Eltern, und zwar eine „großkarierte", deren wenige Leitlinien dafür fest und zuverlässig sind. Ein „Nein", das dann doch nicht gilt, macht genauso unsicher und nervös wie die Zurücknahme eines schon zugesagten „Ja". Uneindeutigkeit führt zu Hyperaktivität, vor allem wenn die Uneindeutigkeit auch laut und hektisch ist. Beruhigend sicher können nur starke Eltern sein, die sich über die Leitlinien ihrer Familienkultur im Klaren sind.

WER SOLL „STOPP!" SAGEN, WENN NICHT DIE ELTERN? Wer soll sich das wagen können, Lust zeitweilig in Frust zu verwandeln, wenn nicht die Eltern? Erziehung ist auch Kampf. Die Eltern gewinnen ihn keinesfalls immer, aber die Auseinandersetzung selbst sorgt schon für die Entwicklung von Neuem und Besserem. Dafür brauchen Kinder starke Eltern, die zuverlässig sind bei ihrem Ja ebenso wie bei Ihrem Nein, wobei Ausnahmen, wenn sie wirklich welche bleiben, die Regel eher bestätigen als in Frage stellen.

RÜCKHALT GEBEN, AUCH KÖRPERLICH
Nicht verunsichern lassen, sondern fest halten und treu bleiben

....

„Sie sagen: ‚Nicht gegen den Strich der Natur erziehen'. Soll das heißen, Wüteriche ihren Willen zu lassen? Bisher habe ich immer auf Sie verwiesen, wenn mir die verwöhnende, nachgiebige Erziehung meiner Tochter bei ihrem vierjährigen Sohn zu viel wurde", schreibt eine engagierte junge Großmutter.

Man kann und muss was tun, aber wir erreichen mehr, wenn wir mit dem „Strich der Natur" erziehen. Was heißt das? Ich nehme die Probleme dieses Jungen als Beispiel: Wutanfälle, wenn er etwas tun soll, was ihm nicht passt bis hin zum Umsichschlagen.

DIE LIEBE BRAUCHT KRAFT, PRAKTISCH UND SPÜRBAR. Ich würde ihn konsequent festhalten, ich würde ihn entschlossen und – wenn Sie so wollen – mit Gewalt daran hindern, dass er andere und sich selbst bei seinen Wutanfällen verletzt. Das ist Erziehung, energische Erziehung, die ihm in dem Moment sehr gegen den Strich gehen wird. „Mit dem Strich" tue ich das, indem ich ihm erlaube, seine Gefühle seiner Natur entsprechend laut und ungestüm zu äußern. Gefühle lassen sich nicht verbieten, das ist sowieso klar. Die Art, wie Menschen sie ausdrücken, kann und soll erzieherisch beeinflusst werden. Aber hier würde ich dem Kleinen entgegenkommen. Ich würde vorläufig hinnehmen, dass er mich in seiner Wut beschimpft und ihm Zeit lassen, seine Wut in meinen Armen „abzuarbeiten", vor allem, indem er sie in Worten auf mich „abschießt". Grund genug dafür hat er, denn ich bin es ja – in diesem Gedankenexperiment –, der ihn festhält. Ich würde ihn dazu sogar noch ermutigen, indem ich ihm zeige, dass das, was er herausschreit, bei mir ankommt, mir wichtig ist. Ich würde ihm sagen, dass ich seine Wut verstehe, weil er so sehr etwas gewollt hat, was er nun nicht darf und etwas tun muss, was ihm gar nicht gefällt.

ELTERN, DIE DOPPELT DA SIND: KONSEQUENT UND TRÖSTEND. Einmal sind sie die „Bösen", die nicht nachgeben, die konsequent dabei bleiben, dass er dann noch tun muss, was er nicht will, und zum anderen sind sie die verständnisvollen Tröster, die den großen Kummer des Kindes verstehen und es einfühlsam begleiten bei seiner Trauer, einen Kampf um die Durchsetzung des eigenen Willens zu verlieren. Das Kind wird das Mitgefühl besonders bei den ersten konsequenten Festhaltungen immer wieder missverstehen und entsprechend früherer Erfahrungen glauben, dass es das Steuer noch herumreißen, sich doch noch durchsetzen kann.

DEN JO-JO-EFFEKT VERHINDERN. Schlägt, spuckt oder kratzt er wieder, müssen Mutter oder Vater ihm entschlossen zeigen, dass sie mit ihrer Einfühlung zugleich trotzdem auch die Stärkeren sind: Sie müssen ihn noch fester halten; wenn sie ihm jetzt erschreckt und verunsichert seinen Willen lassen, ist dies wie beim vorzeitigen Abbruch einer Behandlung mit Antibiotika. Die gefährlichen Keime sind danach „abgehärtet" und noch gefährlicher als zuvor. Es kommt zu einem Jo-Jo-Effekt, der Junge wird noch gewalttätiger.

JEDES KIND IST ANDERS. Es kann aber durchaus auch zur introvertierten (in sich gekehrten) Natur eines Menschen gehören, seine Wut ungestört allein für sich abreagieren zu wollen. Auch das zuzulassen, kann richtig sein, obwohl solche Kinder manchmal erst recht den liebevollen Zwang zur Beziehung brauchen. Eltern kennen ihre Kinder und müssen ihrerseits auf ihre Gefühle vertrauen lernen. Jedenfalls dürfen Wutanfälle nicht dazu führen, dass sich nun der Rest der Familie nach dem Willen des Wüterichs richtet. Und so sehr ein ehrlicher Ausdruck von Gefühlen gut und notwendig ist, bleibt auch daran zu arbeiten, dass er im Laufe der Jahre ohne persönliche Beleidigungen gelingt.

EHRLICHE GEFÜHLE: JA – ABER KEINE SCHIMPFWÖRTER. Natürlich darf ein verzweifeltes Kind, das vor Wut außer sich ist, schreien: „Du bist ganz, ganz böse und gemein." Das ist ja sein tatsächliches Gefühl in dem Moment, aber auf die Dauer ist inakzeptabel: „Du bist eine ganz gemeine blöde Sau". Unsere Betroffenheit zeigen wir sowieso: „So wütend bist du, so unglücklich. Sag', was du fühlst, aber beleidige mich nicht. Keine Schimpfwörter! Hast du verstanden?" Diese Worte können verbunden sein mit einem leichten Wiegen des Kindes im Halt der starken, geschlossenen Arme von Mutter oder Vater. Und es wird trotzdem zu einer neuen Welle des Aufbegehrens kommen, aber das ist Beziehung, das ist ganz intensive Beziehung und wenn Eltern sowohl stark als auch ruhig liebevoll annehmend bleiben können, wird sie das Fließen „verstopfter" Gefühle ermöglichen, eine tiefe Reinigung der Seele.

NACHDENKEN ÜBER ERZIEHUNG
Es droht Gezeter verwöhnter, kleiner Tyrannen

....

Über alles Mögliche wird diskutiert. Eltern und Lehrer sprechen zu wenig über Erziehung, weder untereinander noch miteinander. Das, was die Zeit mit sich bringt, wird einfach hingenommen. Es ist nun einmal so und im Rahmen dieser Realität bewegen wir uns.

Heißt Kreativität denn nicht Grenzüberschreitung? Bedeutet sie nicht, sich sozusagen außerhalb des Üblichen zu stellen, um dann die Welt von dort aus – zunächst geistig – umgestalten zu können? Hilfreich können dafür Diskussionsabende der Betroffenen sein. Der konkrete Leidensdruck führt zu intensiven Diskussionen und die Veranstaltung könnte den Charakter einer Art Selbsthilfegruppe annehmen. Alle Überlegungen zur Neugestaltung von Unterricht, zur Einführung von bildungsorientierten Phasen im Kindergarten sind sinnlos, wenn nicht zuerst geklärt wird, was heute eine gute Erziehung bedeutet.

ERZIEHUNG IM ALLTAG IST DIE GRUNDLAGE JEDER BILDUNG. Ohne die Bereitschaft zur Anstrengung und Pflicht gibt es kein gutes Lernen, weil es in ihm immer wieder lustfreie Zonen gibt, die nicht anders als mit Kultur überbrückt werden können. Wie lässt sie sich rechtzeitig anerziehen in den selbstverständlichen Kleinigkeiten des Alltags, damit es zu keinen unnötigen Machtkämpfen kommen muss? Was in der Natur des Alltags liegt, gestützt von Sitte und Brauch, lernt sich von allein. Vor allem ist es der persönlichen Eitelkeit enthoben sich durchzusetzen und sich umgedreht des persönlichen Stolzes nicht unterkriegen zu lassen. Deswegen sind Familien, Schulen und Gesellschaften, in denen es keine klare Alltagskultur gibt, verheerend für Erziehung. Alles muss dann einzeln, sozusagen durch speziellen Erlass oder durch langwierige Diskussionen immer wieder neu geregelt werden. Zum eigentlichen Leben, Arbeiten und Lernen kommt dann keiner mehr richtig.

WER STRENG IST, MUSS AUCH GEFÜHLVOLL SEIN. Ein zweiter Punkt ist: Wer den Mut hat zur eindeutigen „Leitkultur" in seiner Familie oder Schule, der muss auch den Mut haben zum freien Ausdruck der Gefühle. Wir wollen nicht gleich verzeihen, wir wollen schon gar nicht gleich verurteilen, aber wir wollen immer verstehen. Eine Alltagskultur des guten Benehmens und des Achtens auf die dazugehörigen Kleinigkeiten kippt um in Duckmäuserei und Heuchelei ohne die Freiheit des Ausdrucks von Gefühlen und die Sorge um Gelegenheiten dafür. Gefühle und Bedürfnisse ohne klare Erwartungen an das soziale und Arbeitsverhalten wiederum kippen um in das Gezeter verwöhnter, kleiner Tyrannen. Eines ohne das andere führt jeweils zu einer Diktatur. Welche schlimmer ist, hängt von den vererbten Temperamenten der Beteiligten ab. Aber Halbheiten sind in jedem Fall schlecht, alle Kinder brauchen beides und zwar voll und ganz dann, wenn sich die Notwendigkeit dazu aus einer konkreten Situation ergibt.

FÜR ELTERN, DIE PROBLEME MIT DER ERZIEHUNG HABEN, sind Selbsthilfegruppen wichtig. Wir haben es so nötig in unserer Welt mit einer so geringen Zerfallszeit von Beziehungen, nach menschlichen Netzen zu suchen, die uns halten können. Das besonders, wenn es um Erziehung geht und wenn Alleinerziehende – auch die Verheirateten, die bei der Erziehung dann de facto doch allein bleiben – zurückgeworfen sind auf die Enge der Beziehung zu ihrem Kind. Das erschöpft und wir vergiften innerlich, weil der Stoffwechsel mit anderen menschlichen Seelen fehlt. Wir laufen uns „einen Wolf" im engen Gefängnis der immer gleichen Beziehungsmuster. Wie hilfreich könnte es da sein, auszubrechen, das Eigene mit anderen Augen zu sehen, zu erleben, dass andere (Allein-)Erziehende genau die gleichen Probleme haben. Wenn die „Lebensplatte" einen Sprung hat und der Tonarm an immer der gleichen Stelle hängen bleibt, wie wichtig ist dann der Schubs von außen, damit es weitergeht!

ELTERN KÖNNTEN LOCKER IN SO EINER GRUPPE DISKUTIEREN, was sie von ihren Kindern verlangen und was nicht. Sie müssten sich dabei nicht krank und therapiebedürftig fühlen. Bei gemeinsamen Ausflügen würden sie erleben, wie gut die Kinder plötzlich gehorchen, wenn sich die Erwachsenen nur einig sind. Besonders verwirrte und aufmüpfige Kinder würden erleben, dass sie sich mit ihrer Renitenz nicht nur mit ihren eigenen, angeschlagenen Müttern oder Vätern anlegen, sondern mit allen Müttern und Vätern, die in der Gruppe sind. Diese gewonnene Sicherheit könnte wieder dem Mut aufhelfen, Gefühle auszudrücken, ohne die Angst, frech unterbrochen zu werden. Das wiederum würde die nötige innere Grundlage der Forderung nach Disziplin, die vertrauensvolle Beziehung zwischen Eltern und Kindern, stärken.

BEWEGUNG UND LERNEN GEHÖREN ZUSAMMEN
Körperliche Bewegung fördert das Erkennen und Verstehen

Frau M. aus Bautzen schreibt: „Mein Kind ist Schüler einer 7. Klasse am Gymnasium und steht in einem Fach auf der Kippe. Seine Lehrer haben mir bestätigt, dass es überwiegend Konzentrationsfehler sind. Soll ich einen Psychologen aufsuchen oder gibt es auch andere Heilmethoden (z.B. Kinesiologie), um die Konzentrationsschwäche auszubügeln?"

Ich halte Konzentrations- und „Schusselfehler" für ganz normal. Sie müssen auf ebenso alltägliche Weise ausgebügelt werden. Mir macht Sorge, dass heute entweder bagatellisiert wird – es sind nun einmal Kinder, von denen kann man nicht mehr erwarten – oder medizinisiert und psychologisiert: Neue Theorien und Therapien müssen her.

„KINESIOLOGIE" WAR FRÜHER EINFACH „ZECKEN" SPIELEN, „Stehgreif", Bude bauen und Fußballspielen auf einem freien Platz. Die Therapie sollte Problemen mit Krankheitswert, also Fehlentwicklungen, die sich gewissermaßen verhakt und verfestigt haben, vorbehalten bleiben. Bewegung ist gut und richtig, daran zweifelt keiner. Am besten kommt sie zur Geltung, wenn sie im normalen Leben von allein vorkommt. Lustig und treffend finde ich, wie Michael Winterhoff beschreibt, dass heutzutage Kinder mit dem Auto und Fahrstuhl zur Ergotherapie gebracht werden, um dann künstlich dort die Bewegungen zu üben, die sie schon ganz automatisch beim Gehen und Treppensteigen hätten praktizieren können. So produziert die Wohlstandsgesellschaft aus ihrer Faulheit und ihrem gelangweilten Übersättigtsein heraus neue berufliche Aufgaben. Vitamine in der natürlichen Nahrung sind auch viel besser als Pillen. Kinder, die sich beim Spielen mit anderen draußen, beim Sport, beim Musikmachen oder -hören bewegen, sind gut dran. Sie sollten mit Ihrem Sohn nach mehr Gelegenheiten dafür schauen.

DER RICHTIGE RHYTHMUS IST ENTSCHEIDEND WIE IMMER IM LEBEN. Lassen Sie Ihren Sohn nicht zu viel auf einmal lernen. Er soll rechtzeitig anfangen und dafür die geistige Nahrung lieber auf mehrere kleine „Mahlzeiten" verteilen, das jedenfalls dann, wenn ihn das Lernen anstrengt. Entsteht ein eigenes Interesse, merken wir die Anstrengung gar nicht mehr. Das ist das, was positiven Stress ausmacht. Aber bei Fächern wie Latein ist das zugegebenermaßen schwierig. Ich würde in die Schule von vornherein – und nicht erst als Heilmethode, nachdem das Kind im Brunnen liegt – viel mehr Tanz und Bewegung integrieren. Da das etwas ist, was bei gehemmten Schülern und Lehrern mit Scham und Verlegenheit zu tun hat und bei den offenen mit Überschwang und Lautsein, zeigt sich hier wieder, dass eine stabile, pädagogisch gesicherte Alltagskultur die Voraussetzung für solche „Experimente" ist.

GEISTIGES TUN GELINGT BESSER AUF DER GRUNDLAGE VON KÖRPERLICHEM.
Das gilt besonders, wenn das praktische Handeln ästhetisch ist wie das Tanzen und Singen. Zum Beispiel beim Englischunterricht: Erst einmal müssen alle Vokabeln und Wendungen aus einem aktuellen Lied, das von Schülern und Lehrer als Lieblingshit auserkoren wurde, fein säuberlich im Klassenraum sichtbar sein und in den Heften stehen. Wenn sie exakt und so genau wie möglich übersetzt wurden, macht es Sinn mitzusingen und mitzutanzen. Wer nicht tanzen will, kann sich wenigstens im Sitzen oder Stehen bewegen. Ich denke, schon das aufmerksame Zusehen kann helfen, dass die fremde Sprache über mehrere Kanäle – Hören, Sehen, Bewegen – ins Blut geht, geradeso wie bei einem Kind, das seine Muttersprache lernt. Das was dann noch an Grammatik erarbeitet und gepaukt werden muss, ist der kleine bittere Anteil spaßgeminderter Anstrengung, der dem Ganzen wahrscheinlich sogar erst die richtige Würze gibt.

WIE KINDGERECHT MUSS DIE WELT SEIN?
Erziehen heißt, das Kind zu befähigen sich an seine Welt anzupassen

„Sie sollten einmal versuchen, anderthalb bis zwei Stunden auf einer Pritsche still zu liegen und die Augen geschlossen zu halten. Sie werden erstaunt sein, wie schwer das für einen Erwachsenen ist. Wäre es nicht sinnvoller diesen Kindern (von welchen es in jeder Kita mehrere gibt) einen ‚Ruheraum' mit leisen Hörkassetten oder meditativer Musik einzurichten, wo sie Bücher anschauen oder malen könnten? Allerdings müsste dann jemand ab und an nachschauen und das ist in der Praxis der springende Punkt. Versuchen Sie ein Kind als Persönlichkeit mit eigenen (Schlaf-)Bedürfnissen zu sehen und nicht nur als eine ‚Erziehungsmasse'."

WIE WELTGERECHT MUSS DAS KIND WERDEN? Die Grundfrage ist: Wie sehr muss sich die Welt mit ihren Normen und Werten, mit ihren Eltern und anderen Erziehenden an die individuellen Wünsche der Kinder anpassen, die in ihr aufwachsen, und wie weit muss ein Kind lernen, sich an die Welt anzupassen, in der es lebt? Anders gesagt: Wie kindgerecht muss die Welt sein? So weit wie möglich oder so weit wie für eine gute Entwicklung des Kindes nötig? Und wie weltgerecht muss das Kind auf den jeweiligen Stufen seiner Entwicklung sein? Bei der Generation der heutigen Großeltern war diese Frage ziemlich eindeutig beantwortet, jedenfalls dann, wenn es sich um keine Kinder der hohen Gesellschaft handelte, sondern um Mitglieder einer großen Familie arbeitender Menschen: „Pass' dich den Gepflogenheiten deiner Familie, deines Kindergartens und deiner Schule an (so weit dir das mit ehrlichem Bemühen möglich ist)."

WIR MÜSSEN IMMER ETWAS MEHR ERWARTEN, als Kinder sowieso schon können und wollen. Wenn das gar nicht mehr erwartet und – erst einmal grundsätzlich – verlangt wird, geht's der Elternwelt wie dem Hasen mit dem Igel. Er hetzt hinter vermeintlichen kindlichen Bedürfnissen her, um dann einen neuen, weitergehenden Wunsch zu hören. Kinder wären ja auch „dumm", wenn sie nicht immer mehr Wünsche gegenüber den Erziehenden äußern würden, die diese von vornherein für kindliche Bedürfnisse halten. „Innerlich" will ein Kindergartenkind vielleicht mittags schlafen, wie die anderen auch, bloß es selbst „weiß" das gar nicht mehr, weil es immer darin bestärkt wurde, seinen spontanen Impulsen zu folgen.

EIN WENIG DISTANZ HILFT BEI DER ERZIEHUNG. Richtig ist allerdings: Zu Hause, ohne ein kleines Stück Fremdheit und ohne das Vorbild der anderen Kinder, ist das viel schwerer, und es ist in der Tat abzuwägen, ob sich ein solcher Kampf lohnt. „In Familie" sollten Kinder im fortgeschrittenen Kindergartenalter am Wochenende und in den Ferien nur schlafen, wenn sie das wollen oder „können". Dafür sind sie abends eher müde und schlafen auch morgens länger. So haben wir das auch mit unseren eigenen gehandhabt. Aber es wäre mir nie in den Sinn gekommen, deswegen den Mittagsschlaf im Kindergarten in Frage zu stellen. Natürlich meine ich mit „still" liegen kein bewegungsloses, sondern ein ruhiges Liegen, das die anderen Kinder nicht stört. Wenn Kinder wissen, dass das sowieso stattfindet, sagen sich fast alle nach einer Weile unbewusst: Na, dann kann ich ja doch gleich schlafen.

DEN KLEINKIND-EGOZENTRISMUS NICHT BIS INS JUGENDALTER HÄTSCHELN. An ein neugeborenes Kind muss sich die Welt zu hundert Prozent anpassen. Es gibt wohl keine Zeit im Lebenslauf, in der Menschen ihre persönlichen Bedürfnisse nach Ruhe, Spaß und Selbstverwirklichung so verleugnen müssen, wie dann, wenn sie gerade Eltern geworden sind. Sie haben sich jetzt vollständig den Bedürfnissen ihres Kindes unterzuordnen, denn es ist eigentlich viel zu früh auf die Welt gekommen. Es ist noch vollständig angewiesen auf die Pflege und Hilfe elterlicher Personen. Aber wenn das Kind drei, vier Jahre alt wird, will, kann und muss es mehr und mehr lernen, sich seinerseits an seine Welt, an seine Familie, seinen Kindergarten, die Gemeinschaft der Hausbewohner anzupassen, wie alle anderen das ja auch tun. Im Mittelpunkt steht nicht der einzelne Mensch – das ergäbe ja eine unüberschaubare Summe von Mittelpunkten –, sondern die Gemeinschaft, die lebendige Beziehung von Seele zu Seele.

ALS DAS ERSTE KIND DREI, VIER JAHRE ALT GEWORDEN WAR, kam früher oft das zweite hinzu. Und damit waren die Eltern gezwungen loszulassen. Heute fehlt diese hilfreiche Notwendigkeit weitgehend. Das eine Kind bleibt im Mittelpunkt der Familie. Sein in diesem Alter noch ganz normaler kleinkindlicher Egozentrismus – es kann mit drei Jahren noch gar nicht verstehen, dass es im Leben noch viele andere Seelen gibt, die ebenso ernstzunehmende Bedürfnisse haben wie es selbst – wird weiter gehätschelt bis er im Jugendalter nicht mehr auszuhalten ist. Ein kräftiger 14-jähriger Bengel mit der Seele eines Dreijährigen – zumindest was seine Überzeugung angeht, im Mittelpunkt der Welt zu stehen –, das ist ein Phänomen, das es nur in übersättigten Wohlstandsgesellschaften gibt. Von diesen Kindern sind allerdings wirklich nur 15 in einer Klasse zu ertragen, und sie brauchen zwei Lehrer im Unterricht, dazu einen Psychologen, einen Sozialpädagogen, einen Ergotherapeuten und einen Logopäden. Es gibt nicht wenige „gute Menschen", die das im Ernst in Deutschland fordern.

3. DIE WELT NEHMEN, WIE SIE IST...
... und trotzdem nicht den Erziehungsmut verlieren

NUR DAS, WAS WIR AKZEPTIEREN, können wir ändern. Wenn wir unsere Welt verstehen wie sie ist, müssen wir nicht verzweifeln über die Schwierigkeiten, die sie zwangsläufig für die Erziehung mit sich bringt. Früher war nicht alles besser, nein, wirklich nicht, allein, wenn ich an den Zahnarzt denke. Aber Erziehung ist viel schwerer geworden in unserer sich vereinzelnden, kinderknappen und an Versuchungen so reichen Welt.

DEM ELTERNINSTINKT VERTRAUEN
Gute Kinderstube heute ein Auslaufmodell?

DIE WELT, IN DER UNSERE KINDER AUFWACHSEN, ist bunt lackiert und oberflächlich. „Es geht noch lauter!", schreit es aus Radios und von Plakatwänden. Im Wettlauf der Starken und Erfolgreichen dieser Welt kann es nicht grell und absonderlich genug sein: Du musst die anderen übertrumpfen, auffallen, egal wie; auf stille Weise kreativ, gut und fleißig zu sein, reicht nicht. Es ist Zeitalter her, in denen im Fernsehprogramm der ARD ab und an die Frage eingeblendet war: Haben Sie Ihr Gerät auf Zimmerlautstärke? Jetzt heißt es: „Wenn es dir zu laut ist, bist du zu alt!" (Oder, das gleiche Prinzip: Wenn du den neuesten englischen Floskel-Schwachsinn nicht verstehst, bist du nicht auf der Höhe der Zeit.)

EGOZENTRISCHE RÜCKSICHTSLOSIGKEIT LIEGT IN DER LUFT. Mach', wozu du Lust hast! Wer ist schon so brav und bieder, sich an die Gesetze zu halten, fragt der jugendliche Zeitgeist harmlos. Durchs Leben rasen ist angesagt, kreativ sein und chaotisch und dann wieder doch nicht, wenn Auszubildende oder auch Fahranfänger völlig perplex feststellen müssen, dass ganz im Gegensatz zu ihren bisherigen Erfahrungen in der Schule und Freizeit die Verletzung von Regeln offenbar doch kein Spaß und nicht „scheißegal" ist. Um Schuld geht es mir nicht. Die Jugend ist nicht schlechter als früher. Die Eltern und die Lehrer sind es auch nicht. Aber es gibt ein Umfeld viel größerer Versuchungen, künstlich hervorgelockte Gelüste auf oberflächliche und schnelle Weise zu befriedigen.

LASS' DIR NICHTS ENTGEHEN, FLÜSTERT ES. Dagegen kommen Eltern, Lehrer und andere Erzieher immer schwerer an. Sie werden weitgehend allein gelassen von Politikern, Künstlern und anderen „Stars", die in unserer Gesellschaft den Ton angeben. Diese gehen zu oft sicherheitshalber und karrierefördernd dem hinterher, was sich inzwischen als „normal" eingebürgert hat. Sie wollen auf der Höhe ihrer Zeit sein. Das fängt schon damit an, dass die politische und kulturelle Elite in den letzten Jahrzehnten immer mehr in Frage gestellt hat, ob es überhaupt ein Erziehungsrecht geben darf. Eltern und Lehrer wurden mit dem moralischen Ideal, dass es am besten sei, die „Kids" als Gleiche unter Gleichen ohne jeden Machtanspruch zu „begleiten", in die Verliererposition des Hasen getrieben: So sehr sie sich auch abhetzen, der Igel ist schon da, und er sagt: Ich habe aber schon wieder keine Lust mehr. Lassen Sie uns gemeinsam nachdenken über Erziehung. Ich will Sie ermutigen zu erziehen, ihren eigenen Erziehungsstil zu finden, ruhig und sicher, ganz egal, wie aufgeregt bunte Blasen neuester Moden rundherum aufsteigen (und platzen).

DAS WAR 2003 MEIN ERSTER ARTIKEL IN DER SÄCHSISCHEN ZEITUNG: Ob ich das wohl einlösen konnte? *„Wenn die Ideologie von Kindern als ‚Partnern' nicht beendet wird, werden Kinder und Erwachsene krank und sich gegenseitig hassen", so der Kinder- und Jugendpsychotherapeut Michael Winterhoff. Kinder sollen heute von vornherein die gleichen Rechte haben wie Erwachsene. Was für eine Dummheit! Das ist auch eine Quintessenz dessen, was ich seit Jahren in die öffentliche Diskussion über Erziehung einbringe, angefangen schon mit meinem Buch von 1998: Mut zum Ganzen: Ordnung und Freiheit. Denkanregungen für Eltern und Pädagogen, die es noch nicht aufgegeben haben, ihre Kinder/Schüler erziehen zu wollen.*

JEDER RETTE SICH SELBST – WENN ER KANN
Die alltägliche Menschenverachtung im Kleinen hinterlässt ihre Spuren

LASSEN SIE MICH HIER EINFACH EINMAL NUR KLAGEN. Frust auszudrücken ist ja schon gesund. Ich habe zusammengetragen, was mir Leser zu diesem Thema geschrieben haben. Pfiff, was pfeift denn da vorbei? Ein Glück, dass ich gerade nicht einen Schritt zur Seite ging. Radfahrer aller Altersklassen fahren mit der größten Selbstverständlichkeit auf dem Bürgersteig.

Die Jungen allerdings besonders sportlich. Und der Spitz der alten Frau kläfft mit seiner hohen „Stimme" vorm Konsum mindestens genauso nervend, wie der „Kampfhund" (der angeblich natürlich keiner ist) eines jungen Mannes laut bellt. Die alte Frau ist einfach unfähig und unwillig, ihren Hund zu erziehen. Sie lächelt stolz, wenn er die Leute ankläfft („Guck' mal, wie stark der Kleine ist!"). Der junge Mann legt auf den Gehorsam seines Hundes wert, deswegen kann der natürlich auch frei herumlaufen. Er demonstriert so seine Wichtigkeit, das „männlich" wütende Gebelle seines Hundes zeigt allen, wie unverzichtbar er, der Held, ist. Genauso ist es mit dem manipulierten Auspuff an seinem Motorrad.

DU MUSST NUR GEFÄHRLICH UND UNGENIERT GENUG SEIN. Dann kannst du machen, worauf du Lust hast! Das scheint, unausgesprochen, ein Motto dieser Gesellschaft zu sein. Besprüh' das Eigentum anderer, wenn dir die Wand zu fahl ist! Eventuell könntest du auch die grauen, langweiligen Wangen zufällig Vorbeikommender zwangstätowieren. Was ist dabei? Schließlich willst du nur dein Recht auf die kreative Gestaltung der eintönig uniformen Umwelt wahrnehmen! Lebe dich aus! Was interessiert es dich, wenn andere in den Kot deines Hundes treten? Sollen sie doch die Augen richtig aufmachen! Dreh' das Radio voll auf! Auch mitten in der Nacht, was kannst du dafür, wenn gerade jetzt dein Lieblingssong kommt? Du hast schließlich Gefühle, zwar nur für dich selbst, aber dafür sind sie umso stärker. Du bist kein vertrockneter Spießer. Wen es stört, der ist zu alt, und das ist schließlich sein Problem und nicht deins! Was tapst so ein starrer Alter auch auf dem Fußweg herum? Etwas Acht geben muss er schon: auf mich und mein Rennrad. Wenn er plötzlich hinter einer Hausecke rumsteht, hat er ein Problem, nicht ich!

DAS ALLES IST ALLTÄGLICHE MENSCHENVERACHTUNG IM KLEINEN. Sie hinterlässt ihre Spuren in den Seelen: Jeder rette sich selbst, wenn er kann. Die alltägliche Überschreitung der Grenzen zu den legitimen Bedürfnissen der Mitmenschen führt bei den Wichtigtuern dieser Gesellschaft zur Herausbildung einer Angriffsmentalität: Besetze den persönlichen Raum des anderen, sowie dieser einen Schritt zurückgeht. Der Staat mit seinen Institutionen ist dazu da, die Schwachen und Leisen zu schützen gegen die, die glauben, sie seien etwas Besseres und hätten exklusive Vorrechte. Das beginnt mit der Stärkung der Eltern, Lehrer und anderer Erwachsener, die die Reife haben, auf eine großzügige und zugleich konsequente Weise zu erziehen.

SCHLECHTE MANIEREN GAB'S SCHON IMMER
Aber nicht bei denen, die sich selbst ihren Wohlstand verdienen mussten

....

„*Ist es nicht so, dass sich die Demokratie selber auflöst durch eine gewisse Unersättlichkeit in der Freiheit? ... Wenn die Söhne schon so sein wollen wie die Väter, also ihre Eltern weder scheuen, noch sich um ihre Worte kümmern, sich nichts mehr sagen lassen wollen ... Nicht wahr, das könnte von heute sein?*"

Ist es aber nicht, stellt der Leser klar: Plato schrieb das vor etwa 2300 Jahren. So alt sind also die Erziehungsprobleme, mit denen wir uns herumschlagen. Er schlussfolgert: „Es ist ein Vorrecht der Jugend zu allen Zeiten gewesen, gegen ‚die Alten' aufzubegehren, da hilft auch keine ‚elterliche Gewalt' und kein Diskutieren über die Kernpunkte einer gemeinsamen Erziehungskultur in Familie, Kindergarten und Schule. Das wäre ein Schritt zurück. Wenn sich die Erwachsenen zu einer Art Einheitsfront der Erziehung formieren, nimmt der Generationskampf nur an Schärfe zu und wird irgendwann destruktiv."

PLATO MEINTE NICHT DIE MANIEREN DER KINDER, die mitarbeiten mussten, um ihren Familien einen kleinen Wohlstand zu sichern. Es geht in diesen so gern zitierten Berichten um die Flausen übersättigter Jüngelchen der herrschenden Kasten. Eines stimmt aber: Über die Jahrhunderte fand eine große Emanzipation statt: Respektlos sind inzwischen die Kinder aller Klassen und Schichten geworden. Es hat sich in gewisser Beziehung sogar umgedreht: Während Eltern, die heute Verantwortung tragen in der Gesellschaft, ihre Kinder zunehmend auf „strenge" Privatschulen schicken, weil sie wissen oder ahnen, dass ihre Kinder alte Tugenden brauchen wie Respekt und Dankbarkeit denen gegenüber, die die Welt am Laufen halten, Höflichkeit, Pünktlichkeit, Anstrengungsbereitschaft, Aufmerksamkeit und Ausdauer, wollen Eltern, die am Rande der Gesellschaft leben – aus welchen Gründen auch immer – zuweilen wenigstens bei ihren Kindern ihren Stolz behaupten: Keiner darf meinem Kind etwas vorschreiben, das weiß selbst am besten, was es braucht und will und wenn es den Lehrer angeblich beleidigt hat, dann wird es schon einen Grund dafür gegeben haben.

DAS IST EIN SEHR TRAURIGER „FORTSCHRITT". Diese Lebenseinstellung ist für solche Kinder eine schwere Last beim Versuch, erfolgreicher zu werden als ihre Eltern. Alles in allem: Mich beruhigt die Tatsache nicht, dass es schlechte Manieren Jugendlicher schon immer gegeben hat. Ich fürchte, dieses Problem hat sich verbreitet, zumindest in der übersättigten westlichen Welt. Kinder haben aber ein Recht auf eine liebevoll-konsequente Erziehung, damit sie über das, was sie von allein wollen und sind, hinauswachsen können und damit sie als Menschen, die lernten, ihre kurzfristigen egoistischen Bedürfnisse zu domestizieren, anerkannt und beliebt sein können.

DIE FAMILIE IST FÜR DIE KINDER DA – UND UMGEKEHRT
Die leisen Kinder leiden am meisten, wenn auf die Erziehung verzichtet wird

Die bürgerlichen Menschen haben inzwischen so viel Wohlstand erreicht, dass sie ihr Leben auf ihre gewünschten Kinder hin ausrichten können.

Die nichtbürgerlichen tun dies zum großen Teil auch; ihre Kinder sind ihre größte Lebensleistung. Kinder sind nicht mehr dafür da, ihren Familien zu helfen, gemeinsam dieses Leben zu meistern wie in früheren Arbeiter-, Bauern- und Handwerkergenerationen. Diese „bekamen" lieber noch ein Kind mehr, um als Familie dann für das Leben mittel- und langfristig besser gerüstet zu sein. Heute ist es umgedreht: Die Meisterung des Lebens ist dafür da, den Kindern etwas zu bieten, dann aber am liebsten nur einem, um das wirklich gut zu schaffen.

KINDER WERDEN NICHT MEHR WIRKLICH GEBRAUCHT. Sie sind Konsumenten, Höhepunkt und „Schmuck" elterlicher Leistung geworden, das „Tüpfelchen auf dem i", genauso leicht aber auch Störfaktor bei der Selbstverwirklichung ihrer Eltern. Und das ist der grundsätzliche Konstruktionsfehler dieser Gesellschaft. Er wird zu ihrer langfristigen Auflösung führen, wenn sie nicht willens und in der Lage ist, diese ihre Mentalität zu ändern. Und wie immer richtet sich die Verhätschelung und Verwöhnung der Kinder aufgrund einer solchen Lebenseinstellung – die Eltern, die Lehrer und die ganze Welt sind dafür da, Kindern etwas zu bieten, es ihnen recht zu machen – zuerst und am schlimmsten gegen andere Kinder, nämlich die,

die hinzukommen, ob das nun in einer Familie, in einer Schulklasse oder in einer Nation ist. (Wobei in deutschen Großstädten zunehmend nicht mehr die nichtdeutschen Schüler zu den „Ureinwohnern" hinzukommen, sondern umgedreht: In manchem türkisch-arabischen Kiez in Berlin haben es zum Beispiel deutsche Kinder sehr schwer, von der ausländischen Mehrheitsjugend, die stolz zu ihrer Herkunft steht, anerkannt zu werden.)

DIE LOGIK DER WELT IST UNERBITTLICH. Kinderzentriertheit, die den einfachen Gedanken von sich weist, dass mit den Rechten der Kinder auch ihre Pflichten – besonders die sozialen, mitmenschlichen – wachsen müssen, liefert die schwachen, ängstlichen Kinder denen von ihnen aus, die schon eine starke Position haben. Kinderfreundlichkeit ohne Eltern- und Lehrerfreundlichkeit macht das möglich. Und Kinder sind sowieso direkt und ungeniert, erst recht als hofierte Mittelpunktpersonen. Denen gefällt natürlich die „vornehme" und „deeskalierende" Zurückhaltung der Erwachsenen, die sie eigentlich erziehen sollten. Aber die schüchternen und leisen Kinder leiden heute viel weniger unter der Macht ihrer Erzieher als unter deren Machtlosigkeit, die sie an die Machos ihrer Altersgefährten ausliefert. Es führt kein Weg daran vorbei: Erziehende müssen wieder lernen, dass sich die Liebe zu den Kindern in Großmut zeigt, ja, aber auch im Ernstnehmen und Brauchen der Kinder, indem diese lernen, sich in die Ordnung der Familie und ihre Notwendigkeiten einzufügen, anstatt immer nur umgedreht, wobei eine Familie im weiteren Sinne dann auch eine Schule, Gemeinde oder Nation ist. Das können die Deutschen übrigens gut von vielen ihrer ausländischen Mitbürger lernen.

DIE NEU GEGRÜNDETE SCHULE von Nena in Hamburg, die ganz ohne erzieherische Macht auskommen will, scheint genau darunter zu leiden: An der ungezügelten Gewalt der lautesten und impulsivsten Kinder gegenüber den leisen und zurückhaltenden.

ETWAS ZWEITES FÄLLT MIR AUF: Vor kurzem habe ich in „Pflaster, Erstes Straßenmagazin für Sachsen-Anhalt", in einem christlichen Beitrag, folgendes gelesen:
„Alexander Tydter, im 18. Jahrhundert Professor an der Universität Edinburgh, bemerkte folgende immer wiederkehrende Entwicklungsstufen der menschlichen Gesellschaft:

1. *Aus Gefangenschaft zum Glauben*
2. *Aus Glauben zur Tapferkeit*
3. *Aus Tapferkeit zur Freiheit*
4. *Aus Freiheit zum Überfluss*
5. *Aus Überfluss zur Selbstsucht*
6. *Aus Selbstsucht zur Apathie*
7. *Aus Apathie zur Abhängigkeit*
8. *Aus Abhängigkeit wieder zurück zur Gefangenschaft"*

Ich denke, wir befinden uns im Übergang von Stufe fünf zu sechs.

NUR WER SICH VERGISST, KANN SICH FINDEN
Beziehungsmangel führt zu Eitelkeitsüberschuss

Die Zeiten sind so, dass der Hochmut, getarnt als Selbstständigkeit und Selbstbewusstsein, im Mittelpunkt steht.

Es geht nicht um die Gemeinschaft, sondern um das Ego, und das wird als die große Errungenschaft der westlichen Demokratie dargestellt, mit der die ganze Welt beglückt werden soll: Die totale Entfaltung des Individuums. Die Gemeinschaft wird dafür nur benutzt, und da ist sogar etwas dran, denn es gibt ja in der Tat keine kollektive Seele. Die Gemeinschaft ist wirklich dafür da, dass sich die Einzelnen entfalten können. Wenn sie das aber nur für sich tun und nicht für ein Ziel und eine Aufgabe, die Menschen zu einer Gemeinschaft verbinden, werden sie nicht glücklich dabei.

IMMER NUR AN SICH SELBST ZU DENKEN, VERENGT DIE SEELENKREISE auf einen Punkt: Das starre Ich. Dynamik entsteht aber nur aus der Beziehung. Weil unsere Seele das „weiß", scheint sie doch gut zu sein: Nur wenn ich mich beim tatsächlichen Kämpfen für ein gutes Ziel – das heißt für eins, dass über meine persönlichen Interessen hinausgeht – vergesse, kann ich mich finden. Wenn ich immer darüber nachdenken muss, was ich dabei für „eine Figur mache" und was für mich herausspringt, ob meine Intelligenz, meine Schönheit, meine Bildung oder mein Einfühlungsvermögen auch ja deutlich genug zur Geltung kommen, kann ich meine Kräfte nicht wirklich entfalten.

ES IST EIN BISSCHEN WIE BEI DEN HEINZELMÄNNCHEN. Gerät der Blick von der Wohltat hin zum Wohltäter und bleibt dann bei ihm haften, entflieht schnell das ganze Gute. Das ist ein Credo der „Individualpsychologie" Alfred Adlers – ein irreführender Begriff, der die unteilbare Ganzheit des Individuums meint, gerade in seinen Beziehungen zur Gemeinschaft. Je mehr Menschen mit ihrem Tun, Denken und Erleben mit ihren Mitmenschen verbunden sind, desto mehr können „niedere" Bedürfnisse und Triebe, die aber die entscheidenden Handlungsenergien liefern, nämlich Eitelkeit, Ehrgeiz, Stolz und Neid veredelt werden und durch ihre Einbindung in überegoistische Gemeinschaftsinteressen Gutes bewirken. Das heißt für die Erziehung und die Persönlichkeitsentwicklung: Es ist ganz wichtig, dass das Individuum genug Gelegenheiten und Möglichkeiten erhält, intensive Beziehungen zu seinen Mitmenschen herzustellen.

INDIVIDUALITÄT ENTSTEHT NUR IN EINEM NETZ VON BEZIEHUNGEN. Wenn die „Kollektiverziehung" zurückgenommen wird, entfaltet sich in dem nun frei gewordenen Raum doch nicht von allein die Individualität. Nein: Beziehungen müssen gepflegt werden, so dass sie echt sind und intensiv. Das ermöglicht seelische „Stoffwechselprozesse", die die individuelle Persönlichkeit entgiften und für ihr Wachstum sorgen.

ES SIND EBEN NUR KINDER
Aufopferung macht Kindern und Eltern in Wirklichkeit das Leben schwer

„Sie betonen, dass die kindliche Hilfe im Haushalt wirklich einen praktischen Nutzen haben soll. Ich denke, die Hauptsache ist, dass die Kinder etwas dabei lernen."

Dieses moralisch sehr ehrenwerte Denken führt dazu, dass Kinder immer nur mal kurz für kleine Hilfsdienste hinzugerufen werden und zu wenig eigene Verantwortung für ein Stück Arbeit tragen. Ich behaupte, dass dieses „fürsorgliche" Denken eine letztendliche Ursache für viele Erziehungsprobleme ist, die wir heute haben. Besonders gut gemeint ist oft das Gegenteil von gut gemacht. Pädagogische Professionalität zeichnet sich – wie jede andere – auch durch handwerkliche Solidität aus.

WER DAS LEBEN LIEBT, WEISS: MENSCHEN SIND „SÜSS", BESONDERS KINDER. Oma und Opa dürfen schon mal weich werden, wenn das Enkelkind gar zu „süß" und unschuldig guckt, auch Eltern dürfen herzlich lachen, wenn ein „Schlingel" sich mit charmanter Trickserei aus dem Staub gemacht hat. Zum Abendbrot fehlt dann trotzdem das Brot, wenn er für dessen Einkauf zuständig war. Stress muss ihm jetzt nicht künstlich pädagogisch gemacht werden; die Familie hat ihn objektiv „hungertechnisch", und er muss nun die Verantwortung übernehmen, zur Nachbarin gehen und fragen, ob er sich etwas borgen kann oder noch einmal loslaufen.

EIN „RIESENTHEATER" IST NICHT NÖTIG; DIE LOGISCHE FOLGE ERZIEHT GENUG. Natürlich sind Fehler menschlich und in der Regel kein Grund zu besonderen Aufgeregtheiten. Das lässt sich aber nur dann durchhalten, wenn es selbstverständlich ist, dass das Kind alles tut, was in seinen Kräften steht, um einen Fehler oder eine Nachlässigkeit praktisch wieder auszugleichen. Eltern verlangen dies oft nicht, weil sie etwas Ersehntes auch sofort und immer haben wollen: Sie können nicht warten, in diesem Fall darauf, dass sich die Liebe ihrer Kinder zu ihnen wieder deutlich zeigt.

ELTERN, DIE GLAUBEN, EIGENE ANSTRENGUNG ZUR WIEDERGUTMACHUNG von Fehlern ihrer Kinder nicht verlangen zu dürfen, sind selbst kindlich. Langfristig ist diese vorauseilende Nachgiebigkeit, die sich natürlich moralisch „gut macht" im Stress des Alltags, pädagogisch unklug, denn die Eltern sind nun einmal die wichtigsten Erzieher ihrer Kinder. Natürlich kann zum Beispiel eine Sechsjährige, die Erde auf dem Fußboden verteilt hat, einen Handfeger holen und sie aufkehren. Und sie hat das so lange zu tun, bis es ihr leidlich gelungen ist. Verlangen Eltern das nicht, tauscht sich ihre Nachgiebigkeit auf die Dauer um in Resignation, erzeugt eine Linie der Bitternis um den Mund herum: Kinder sind ja so anstrengend, verlassen kann man sich auf sie sowieso nicht, letztendlich muss man doch alles selber machen – es sind eben nur Kinder.

SO ENTSTEHT ANGST VORM KINDERKRIEGEN. Deswegen und nicht nur, weil Kinder angeblich unbezahlbar teuer sind, überlegen heute immer mehr junge Leute, ob sie ein Kind oder etwa gar noch zwei oder drei verkraften können. (Wie ging das eigentlich vor einer Generation in der DDR mit nur 20 Mark Kindergeld und mehr Kindern pro Familie?) Sie glauben im Ernst, sie müssen dann jahrelang alle ihre Wünsche befriedigen, die sie allesamt von vornherein für „kindliche Bedürfnisse" halten und ihnen immer mehr „bieten". Das ist nicht zu schaffen, und die Angst entsteht, Eltern (oder Lehrer) zu werden. Früher war nicht alles besser, aber Erziehung einfacher. Kinder waren bei den einfachen Leuten viel eher eine Hilfe als Belastung und Störfaktor. Sie wurden ernsthaft gebraucht, spätestens mit Beginn des Schulalters. Zu wenige zu haben, war deswegen ein Unglück. Es war in den meisten Fällen gut für ihre Persönlichkeitsentwicklung, wenn das Hauptkriterium für ihr Tun der kleine Wohlstand ihrer Familie war. Ob sie persönlich „Lust" dazu hatten, war eine Frage, die weder Eltern noch Kindern in den Sinn kam. Heute scheint das die Hauptfrage bei der Erziehung in Deutschland geworden zu sein: Aber wenn mein Kind nun mal keine Lust hat?! Aber wenn der Topf nun ein Loch hat?! Das ist eine Frage von Jammertanten. Wir sollten überlegen, was wir heute von uns selbst lernen können, als wir noch anders lebten, ohne wieder in alte Not und Armseligkeit zurück zu fallen.

IN EINER WELT, in der menschliche Beziehungen immer unsicherer und Kinder knapper geworden sind, wollen ängstliche Mütter oder Väter es mit ihnen nicht verderben durch unbequeme Forderungen, schlicht aus Angst, die einzigen „Partner", die sie noch einigermaßen sicher haben (so lange sie klein sind), auch noch zu verlieren. In fast allen Filmen über Kinder und mit Kindern von heute oder aus der jüngeren Vergangenheit werden Erwachsene, wenn sie als moralisch gut gelten sollen, als Menschen dargestellt, die noch die anmaßendsten Dummheiten der „Kids" für einen lustigen Streich halten müssen. Der Zeitgeist, das Drehbuch und der Regisseur wollen es so.

VIELE ERSTE WERDEN MITTELMÄSSIG SEIN
Wer viel erreichen will, sollte es gelassen angehen

....

Ein Vater schreibt mir: „Ich beobachte einen Trend, den ich nicht richtig einordnen kann. Die Mitschüler meiner Kinder kommen aus ‚geordneten sozialen Verhältnissen', viele Familien sind aus den westlichen Bundesländern. Häufig höre ich Aussagen wie diese: ‚Mein Kind wurde schon mit fünf Jahren eingeschult. Mein Kind hat eine Klasse übersprungen' und dergleichen. Diese Kinder werden jeden Nachmittag zu einem ande-

ren Sport-, Musik- oder Zeichenkurs gefahren. Mir scheint dieser Trend befremdlich und beängstigend. Kann es sein, dass dahinter die Angst der Eltern steckt, ihre Kinder könnten später nicht mithalten? *Ich finde, dass das spontane Spielen und Sich-Treffen, um selbst etwas zu unternehmen bei diesen Kindern auf der Strecke bleiben."*

Mir gruselt's genauso, wenn ich solche Eltern erlebe. Bei einem Elternabend fragte eine Mutter, nachdem ich dafür plädiert hatte, dass Eltern ihren Kindern klar sagen sollen, was sie von ihnen erwarten, ob es da nicht leicht zu Überforderungen kommen könne. Sie hatte genau in die Richtung gedacht, die Sie beschreiben: die Forcierung der Entwicklung der intellektuellen und musischen, eventuell noch sportlichen Fähigkeiten der Kinder. Das ist für mich so, als wenn Gärtner Pflanzen schneller zum Blühen bringen wollen. Das wäre ein Scheinerfolg, denn was eine Pflanze nicht innerlich ansammeln konnte, kann sie auch nicht entfalten und außerdem könnte der Erste in seiner Gattung, der blüht, auch am schnellsten wieder verblüht sein.

WAS GUT WERDEN SOLL, BRAUCHT ZEIT. Das gilt wohl nirgendwo so sehr wie bei der Entwicklung von Kindern. Eine Art „Wettrüsten", wer am besten vorbereitet ist für den Ernst des Lebens, schwächt die Kinder in Wirklichkeit. Sie sollen da schon mit drei Jahren in „International Schools" Englisch lernen, kratzen mit vier auf Geigen oder Violoncelli herum. Jedenfalls stellen sie immer etwas Besonderes und Besseres dar. Sie scheinen privilegiert und verwöhnt zu sein, in Wirklichkeit sind sie einsam, sollen überholen ohne einzuholen, den anderen immer eine Nase voraus sein als eine Art ganz besonderes Statussymbol. (Mein Auto hat 200 PS. Mein Sohn kann schon lesen und schreiben, obwohl er erst nächstes Jahr in die Schule kommt.)

RÜCKSICHT IST DIE GRUNDLAGE VON ALLEM. Die oben genannte Mutter hatte sich gar nicht vorstellen können, dass ich mit den klaren Anforderungen zuerst das soziale, zwischenmenschliche Verhalten meinte, dass Kinder Rücksicht und Höflichkeit zu lernen haben zum Beispiel. Das ist wichtiger als die Kinder unbelastet von jedem natürlich gewachsenen Gemeinschaftsgefühl voranzutreiben auf dem Weg der Lebenskarriere, um ihnen einen guten „Headstart" zu sichern. Solche unsäglichen Wörter haben wenigstens den Vorteil, gleich zu zeigen, wessen Geistes die Leute sind,

41

die glauben, so sprechen zu müssen. Vor der Schule ist Spielen wichtig, Lernen beim Spielen mit Nachbarskindern, denen aus dem Kindergarten, mit Oma und Opa und den Eltern. Wenn sie dabei ihre Beziehungsfähigkeit entwickeln, Freude am Entdecken von Neuem, Aufmerksamkeit und Ausdauer, lernen sie genug.

NICHT ALLE DÜRFEN ZUR GLEICHEN ZEIT DASSELBE
Das ist eine Lektion, die Kinder lernen müssen – auch beim Rauchen

„Was halten Sie von dem heiß diskutierten Rauchverbot in Schulen?"

Ich bin entschieden dafür. Es ist gut, dass sich die Politik dazu aufgerafft hat, ein generelles Rauchverbot für Jugendliche unter 18 Jahren zu beschließen. Nur durchgesetzt werden müsste es. Ich finde es erschreckend, wenn mir 13-, 14-Jährige qualmend mit einer Bierflasche in der Hand entgegen kommen. Keiner sagt etwas. Ich auch nicht. Das ist Gewohnheitsrecht, zumindest in den Großstädten.

DIE DEUTSCHE GESELLSCHAFT HAT SICH AUCH DIESER UNSITTE ANGEPASST, anstatt umgedreht. Es ist verheerend, was Kinder daraus lernen. Ihre inneren Maßstäbe verschieben sich. Sie finden nichts dabei, sie denken, das ist in Ordnung so, und sie denken, dass die anderen das auch denken. Was soll eine allein erziehende Mutter da noch ausrichten, wenn sie von der Gesellschaft so allein gelassen wird? Verbote bringen doch angeblich sowieso nichts.

KEINER MÖCHTE DER SPIESSIGE VERBIETER SEIN. Und ist es nicht moralisch schick zu fragen: Wie können Erwachsene Kindern das Rauchen auf der Straße oder in der Schule verbieten, wenn sie es ihnen selbst vormachen? Demnach müsste der Opa auf seine Zigarre verzichten, der Papa auf seine Pfeife und Helmut Schmidt auf seinen Schnupftabak, bevor wir von Kindern dergleichen erwarten können. Alkohol dürften Eltern dann nur noch heimlich trinken, und wie sollen die Kinder das Trauma verkraften, dass sie nicht ein Auto steuern dürfen, obwohl ihnen das die Alten frech andauernd vormachen? Ein Grundübel dieser Zeit in Deutschland ist gerade, alles sofort haben zu wollen. Warten ist nicht in.

ALLES HAT SEINE ZEIT. Jedes Lebensalter hat seine Vor- und Nachteile. Alte können sich zum Beispiel nicht ohne Weiteres in der Jugenddisko tummeln. Manche von ihnen haben geschafft, was jugendlicher Übermut ausschließt: Etwas eigentlich Ungesundes – z.b. das Rauchen – so maßvoll zu tun, dass es schon wieder (fast) mehr nutzt als schadet. Dass Erwachsene kultiviert mit etwas Gefährlichem umgehen können, ist doch ein gutes Vorbild für Jugendliche. Lehrer werden ihren Schülern den Rauch nicht ins Gesicht blasen, und Schüler müssen akzeptieren, dass nicht alle zur gleichen Zeit das Gleiche dürfen. So ist die Welt, und es schadet nichts, das auch bei dieser Gelegenheit zu lernen. Sonst sind Junge schon satt, bevor sie richtig hungrig waren. Nicht Zufriedenheit, sondern Pessimismus ist das Ergebnis: Was kann mir die Welt schon noch bieten? No future!

NUR DAS VERLANGEN, WAS SICH DURCHSETZEN LÄSST, sonst wird es schlimmer als vorher. Deswegen kann es klug sein, vor übereilten Verboten zu warnen. Es gibt in Deutschland schon zu viele Gesetze, die nicht durchgesetzt werden. Wie soll in einer Schule konzentriertes Lernen möglich sein, wenn in ihr und drum herum Vandalismus alltäglich ist? Es fehlt gerade noch, der Jugend ein weiteres Lehrbeispiel dafür zu geben, dass diese Gesellschaft sich und ihre Gesetze sowieso nicht ernst nimmt. In den Schulen klappt das, sogar „überschießend": Lehrer werden gleich miterzogen. Was fehlt, ist die Konsequenz rundherum, im öffentlichen Raum.

ERST KOMMT DIE ARBEIT, DANN KOMMEN DIE WERTE
„Alle sollen was bauen – da kann man allen trauen"

....

Ich stimme mit dem Leser Herbert Schurig überein, der aus seinen Erfahrungen als Lehrer schöpft: „Es ist geradezu erschütternd zu verfolgen, wie die öffentliche Diskussion zum Problem Schule alles Mögliche ins Kalkül zieht, wie man über Schülerzahlen, Klassenstärken, Lehrergehälter und Stundentafeln streitet, vom Eigentlichen aber, von dem Umkehrverhältnis zwischen Kindern und Erwachsenen von heute ist nirgendwo die Rede. Weiß man es denn nicht? Sieht man's denn nicht?"

Und es ist auch nicht damit getan, dass Erwachsene den Stil ihrer Kommunikation verbessern, selbst dann nicht, wenn dazu der Mut gehört, Kinder zu führen und zu erziehen. Vor dem Ideellen, vor der Art, Gespräche zu führen, kommt das Materielle, das Handgreiflich-Praktische. Der Leser zitiert Bert Brecht: „Alle sollen was bauen, da kann man allen trauen".

FÜR DIE JUGEND VON HEUTE SIND DIE DINGE, die sie brauchen und wollen einfach da – im Überfluß. Sie scheinen wie von allein nachzuwachsen. „Man kann sie köpfen, wie man es mit Disteln tut". Kinder, die nicht die Mühe praktischen Bauen erleben, die nicht einmal selbst ihre Zimmer zu Hause und in der Schule reinigen müssen, die anstatt dessen konsumieren und konsumieren, Schokoriegel, Sprache, mehr und mehr verpackt in Bildern, Töne, und alles immer süßer, lauter, greller, müssen verkümmern. Jeder Mensch will produktiv sein, etwas praktisch schaffen, dabei Schwierigkeiten und eigene Unlust mit der Hilfe anderer überwinden. Die Realität bei uns ist eine andere. Für viele Kinder ist inzwischen selbst das Fußballtraining zu anstrengend.

EINE SKURRILE MISCHUNG VON JUGENDLICHKEIT UND RENTNERMENTALITÄT ist enstanden. Unsere Kultur der Lustzentriertheit, der Ablehnung von Mühe und Pflichten hat bei einem großen Teil des Nachwuchses dazu geführt: Man kutschiere mich dorthin, wo es „Action" und „Fun" gibt, aber ohne den Anspruch, dass ich dabei selbst etwas ernsthaft leisten muss und dann hole man mich von dort wieder ab, so dass ich bequem heimreise zu Fernseher und Playstation, Ketchup und Pommes. Ist es da verwunderlich, fragt Herbert Schurig, dass das Glück echter Sinnlichkeit zunehmend im Zerstören gesucht wird, da es im praktischen Aufbauen nicht zu finden ist: „Nichts ist so leicht, so unmittelbar in der Reaktion, in der Wirkung so befriedigend wie Verbiegen, Zerbrechen, Zersplittern, In-die-Luft-fliegen-Lassen".

ES IST WIE MIT DER LIEBE: JE MEHR ÜBER WERTE NUR GEREDET WIRD, desto mehr entschwinden sie. Wir müssen also alle zusammen überlegen, wie wir die Kinder und Jugendlichen zu Hause und in der Schule wieder mehr an den Mühen des Schaffens beteiligen können, damit sie lernen, wie daraus Freude und Zufriedenheit wachsen können. Nur so entstehen Werte. Reden allein hilft nicht nur nicht, sondern entwertet sogar. Ich glaube, es gibt so etwas Verrücktes wirklich: Projekte im Sozialkunde- oder Ethikunterricht, wo die Schüler mit einer Riesenmenge von Papier und Pappe, Stiften und Farbe den Wert der Arbeit darstellen sollen, und dann liegt alles herum, achtlos hingeworfen, und die Reinigungskräfte haben aufzuräumen. Eine Ethik des Schaffens muss man erleben, nur dann ist sie auch unterrichtbar.*

AUS DEM ICH MUSS WIR WERDEN – FÜR EIN BESSERES ICH
Zeichen des Individualismus auf dem Schulweg

....

Eine fünffache Mutter macht sich Sorgen über den Egoismus in unserer Gesellschaft. Sie hat das „Gefühl, dass wir dem Tierreich näher sind, als uns lieb ist. Jage oder du wirst gejagt".

Ich habe ihr zugestimmt. Die Atomisierung dieser Gesellschaft in lauter freie Individuen, die wie kleinste bindungslose „Elementarteilchen" einer rapiden Verflüchtigungsgefahr ausgesetzt sind, hat ein beängstigendes Maß angenommen. Anstatt langfristig wachsenden, zuverlässigen Familien gibt es mehr und mehr „Neigungsbeziehungen", die sich im stetigen Wandel ändern.

EIN URVERTRAUEN INS LEBEN UND IN DIE LIEBE KANN SO NICHT WACHSEN. Auch in dieser Beziehung leben die Erwachsenen von heute, die aus Gründen persönlicher Selbstverwirklichung Familien zerstören und zerstören lassen, voll auf Kosten der nachwachsenden Generationen. Flickwerke immer neuer Lebenshoffnungen, neuer Lebensängste und neuer Liebesversuche sind vielleicht schön bunt, aber sie halten nicht fürs Leben, auch dann nicht, wenn man sie „Patchwork" nennt. (Mit diesem Wort wird die Dramatik und Tragik dieser Realität verschleiert und oberflächlich verschönert. Das ist der Sinn der meisten Anglizismen.)

WIR KÖNNEN UNS UNSERER SITUATION BEWUSST WERDEN. Das ist viel mehr als Denken. Es bedeutet: Innehalten, einen Zusammenhang überschauen und ordnen: Wir müssen uns mental endlich von der Zeit des Nationalsozialismuses befreien. Nur weil für die Nazis der Einzelne ein Nichts

---

* Vgl. Hartmut von Hentig. Er macht in seinem Alterswerk radikale und bedenkenswerte Vorschläge, wie einem Mangel an echter, schaffender Gemeinschaftlichkeit abgeholfen werden kann.

war und die (Volks-)Gemeinschaft alles, können wir nicht beständig damit fortfahren, die individuellen Ansprüche auf ein Glück, jetzt und sofort, weit über die Interessen der Gemeinschaften zu stellen, aus denen das Ich hervorgeht. Das gilt für die Familie, den Kindergarten, die Schule und die gesamte Nation. Füge dich ein, passe dich an, so weit du es in deinem Alter kannst. Das fällt dir nicht leicht, das ist anstrengend, aber erst in dieser Auseinandersetzung merkst du, worin dein Ich besteht, und du merkst, wofür du wirklich kämpfen musst, an welchen Stellen du dich nicht anpassen kannst.

NUR WER DURCH DIE GEMEINSCHAFT GEFORDERT WIRD, kann sein Ich erkennen. Er lernt kämpfen, lernt mit Ge- und Verboten umzugehen, die nicht einfach verschwinden, wenn er nur genug Rabatz macht. Er lernt zu warten und zu verzichten, wenn es um seine Konsum- und Spaßbedürfnisse geht. Dafür ist die Liebe immer da und die Bindung: Du wirst wahrgenommen, von dir wird einiges verlangt und dir wird manches auch verboten. Klipp und klar. Denn du bist wichtig, nicht egal, kein freies Elementarteilchen, das im Nichts verschwindet ohne Spur.

WIE SIEHT ABER DIE WIRKLICHKEIT AUS IN DEUTSCHLAND? Die Gesellschaft hat resigniert. Schon auf dem Schulweg erfahren das viele Kinder: Scherben zerschlagener Flaschen, Fahrradfahrer auf dem Fußweg, weit über zehn Jahre alt, ohne Ein-, Vor- und Rücksicht, laut bellende Hunde, Hundescheiße, beschmierte Wände. Lauter Zeichen des Individualismus, der Herrschaft persönlicher Gelüste über die Interessen einer Gemeinschaft. Das ist die erste Lektion, die die Kinder an jedem Morgen neu lernen: Diese Gesellschaft nimmt sich selbst nicht ernst. Sie kann und will ihre eigenen Regeln nicht durchsetzen. Warum sollte das dann in der Schule und in der Familie anders sein?

DER KAMPF DER GENERATIONEN IST GUT UND NÖTIG. Die Alten müssen den Jungen nur beibringen, ihn fair und kultiviert zu führen. Das so modern gewordene „Erst muss ich meinen Kindern etwas bieten können (bevor ich sie zeuge/gebäre)", weist in die verkehrte Richtung. Biete ihnen eine Familie, wo sie in Liebe und Optimismus mitlaufen, wo sie lernen, selbst aktiv zu werden und ihren Beitrag zu leisten für das Ganze, dann lernen sie fürs Leben, und sie werden glücklich. Geräte und Gegenstände, die viel Geld kosten, brauchen sie viel weniger. Wenn sich alles um das Familienglück dreht, und die Kinder gehören dazu, ist es gut. Dreht sich alles um das einzelne Kind, um seine „Bedürfnisse" und Wünsche, ist das wider die Natur, gegen die Logik des Lebens. So wohl sich Eltern – moralisch – möglicherweise dabei fühlen, weil sie scheinbar selbstlos auf eigene Ansprüche und Bedürfnisse verzichten („Ich trete aus Liebe hinter mein Kind zurück", „Ich opfere mich für sein Glück auf"), sie schaden in Wirklichkeit ihrem Kind massiv, weil dieses ohne ein klares Gegenüber mit eigenen Ansprüchen und Erwartungen, dem das Kind aber in Liebe vertraut, keine Beziehungsfähigkeit lernen kann.

DIE GENERATIONEN KÄMPFEN SOWIESO MITEINANDER. Sie haben unterschiedliche Lebensansprüche und -ansichten. Nur durch das Bekennen und Lösen dieser Widersprüche kommt Entwicklung in Gang. Nicht das Kämpfen ist das Problem, sondern seine Lieb- und Kulturlosigkeit. Wir alle müssen lernen, fair zu gewinnen und zu verlieren. Wer soll der „Sparringspartner" sein, der seine Kinder das lehrt, wenn nicht die Eltern? Verweigern sie sich als ein solches Gegenüber aus falsch verstandener Liebe, programmieren sie ihre Kinder auf Unglücklichsein, auf misslingende Liebe.

DAS IST AUCH DESWEGEN NICHT „HUMANISTISCH", weil es irgendwann sowieso zu einer „Explosion" kommt, desto schlimmer, je länger dieser „Kampf in Liebe" aufgeschoben wurde. Im Übrigen erfolgt der Verzicht auf Erziehung – auf die „Dominanz der Erwachsenen" – letztendlich doch aus egoistischen Gründen (vgl. S. 38ff.).

NEUESTE THERAPIE ERSETZT GEREGELTEN ALLTAG NICHT
Vom Ende der pädagogischen Flitterwochen

....

„Von mir als Lehrer wird erwartet, dass ich bei der Arbeit mit schwierigen Schülern ewig bleibe wie ein Jungverliebter. Ich habe darum gekämpft, aber meine pädagogischen „Flitterwochen" sind nun zu Ende. Ohnmacht bleibt: Verhaltens- und Leistungsprobleme werden mit moralisch wichtiger Miene sofort psychologisiert oder sogar zum medizinischen Fall erklärt. Da könne ich nichts verlangen, die Kinder seien nun eben mal so. Ganze Heerscharen von ‚Helfern' bestärken sie in dieser Sonderrolle und wundern sich dann, dass es immer mehr werden."

Das schreibt mir ein Lehrer. Und eine Psychologin: „Ich bin es leid, die unerzogenen Kinder als ‚hyperaktiv' vorgesetzt zu bekommen oder mit pubertierenden Mädchen zu reden, die mir bereits im Erstkontakt mitteilen, dass sie ‚Borderliner' sind und demonstrativ ihre Kratzwunden zeigen". Im inneren Kern des pädagogisch-psychologischen Denkens unserer Zeit ist inzwischen angekommen:

GESUNDE KINDER MÜSSEN ANGEBLICH LAUT UND „WILD" SEIN. Höfliche und rücksichtsvolle Kinder sind dann im Umkehrschluss krank und verbogen; Flegeleien gehören gesetzmäßig zur Pubertät; Kinder müssen viel Geld kosten, sonst ist das, was die Eltern oder die Gesellschaft für sie tun, nicht gut genug usw. Früher gab es einen vorauseilenden Gehorsam. Jetzt ist der vorauseilende Ungehorsam angesagt. Etwas wird schon allein deswegen nicht getan, weil es eine sogenannte Autoritätsperson verlangt. Sehen Sie sich an, wie Kinder in der Werbung und in den Medien dargestellt werden, die sich alle darin überbieten wollen, auf der Höhe der Zeit zu sein.

KINDER DÜRFEN UND SOLLEN ALLES, ABER BLOSS EINS NICHT: „ARTIG" SEIN. Allein dieses Wort löst bei „modernen" Menschen allergische Reaktionen aus, dabei heißt es ja eigentlich nur, dass Kinder sich ihrer Art entsprechend verhalten, zum Beispiel ihren Eltern und Lehrern „gehorchen". Ach du Schreck, noch ein schlimmeres Schockwort! Wenn solche Wertebrüche und Irritationen „in der Luft" unserer Zeit liegen, müssen wir uns dann wundern, dass Eltern, Lehrer und Kinder schon allein deswegen – von Beziehungs- und Arbeitslosigkeit rede ich jetzt gar nicht – verunsichert sind, unruhig, nervös und aggressiv werden?

ICH MAG KECKHEIT – EHER ZU VIEL ALS ZU WENIG. Das aber in besonderen Situationen und nicht als Gewohnheitsrecht, das dann immer noch weiter übertrieben werden muss. Und natürlich gibt es Kinder, die in unserer Egomanenwelt des allgemeinen Gehetzes nach „Events" und Selbstverwirklichung ernsthaft psychisch erkranken und dringend therapeutischer Hilfe bedürfen. Aber damit diese wirksam werden kann, muss doch erst einmal Grund rein in den Alltag der Familien und Schulen, so dass Liebe und Geborgenheit verlässlich werden und konsequente Forderungen zu inneren wie äußeren Auseinandersetzungen führen, die die Persönlichkeitsentwicklung in Gang bringen.

OHNE LEIDENSDRUCK KEINE PROBLEMLÖSUNG
Gelangweilte Jugendliche sind keine geeigneten Gesprächspartner

„Bei einer Streitschlichtung als Kompromiss auf der Grundlage von ‚Wir sind beide schuld' verlieren beide: das Opfer, aber auch der jugendliche Täter, denn er bekommt falsche Signale für sein Verhalten in der Zukunft."

Das schreiben mir zwei „Profis", deren Arbeitsgebiet die Resozialisierung jugendlicher Straftäter ist. Wir stimmen überein. Wenn jemand entschieden zu schnell fährt, kann nicht eine Schlichtung beginnen, um dann zu einem „vernünftigen Kompromiss" zwischen den Positionen der Polizei und denen des Rasers zu kommen.

KEINE FAULEN KOMPROMISSE AUS FEIGHEIT. Menschen dürfen nicht drangsaliert und entwürdigt werden. Das ist tabu von vornherein. Es kann nicht das Ergebnis möglicher Aussprachen sein. Dass Selbstverständliches erst mühsam wieder ausgehandelt werden muss, ist typisch für die defensive Erziehungskultur in Deutschland. Und das wird dann sogar noch als Erfolg verkauft. Mit Defensivität beeindruckt man aber mit Garantie nicht die jungen Menschen, die vor Kraft strotzen, die viel lieber einen Schritt zu weit gehen, als auch nur einen zu verpassen.

EIN SCHLECHTES GEWISSEN IST DIE VORAUSSETZUNG, wenn Gespräche über ein Verhalten, das die Rechte der anderen mißachtet, „greifen" sollen. Zumindest im Bewusstseinshintergrund muss es vorhanden sein. Auch wenn es „guten Menschen" zuwider ist: Täter, die nicht selbst unter ihrem Tun leiden und vielleicht noch stolz darauf sind, müssen bestraft werden, energisch und entschlossen, erst dann kann man vernünftig mit ihnen reden. Denn dann ist ein Leidensdruck entstanden, der vorher nicht da war. Er musste sozusagen von außen zugeführt werden wie ein Medikament.

JETZT HABEN TÄTER SELBST EIN INTERESSE AN DER KLÄRUNG DER SITUATION. Wie sollen sie denn verstehen, was sie anderen angetan haben, wenn sie auf dem hohen Ross bleiben dürfen? Erst auf dem harten Boden der Realität ist eine hilfreiche seelische Beziehung auf Augenhöhe zu ihren Opfern möglich. Solange sie sich gelangweilt bei irgendwelchen Aussprachen herumfläzen, sind diese nicht sinnvoll.

DANN BRAUCHEN SIE NOCH EINMAL STRAFE. Zum Beispiel einen Arrest am Wochenende, wo sie wirklich etwas zu leisten haben. Jugendgerichtstage behaupten zwar, dass solche Repressionen „nichts bringen" würden. Ich halte das für Wunschdenken. Warum sollte jemand denn zuhören, innehalten und in sich gehen, wenn seine „Lebensmasche" aufgeht und er sich jetzt sogar noch zusätzlich umworben sieht von Sozialarbeitern aller Art? Nein, nur wer selbst leidet, hat ein wirkliches Interesse an der langfristigen und stabilen Klärung von Konflikten. Dann werden Schlichten, Erzählen und Zuhören, das gegenseitige Einfühlen sehr sinnvoll, denn natürlich hat auch der Hochmut und die Brutalität von Tätern innere Ursachen, die es zu verstehen gilt, was etwas ganz anderes ist als vorschnell zu verzeihen.

WENN „MORALISCHE SÄUGLINGE" MITEINANDER KÄMPFEN
Verwöhnung kann zu schlimmem Schicksal führen

Frau K. aus Leipzig ist empört: „Sie tun so, als wenn in Deutschland alle Kinder total verwöhnt werden. Das ist doch nicht richtig, es gibt schlimmste, oft sogar tödliche Fälle von Misshandlungen, Verwahrlosungen und Vernachlässigungen."

Das stimmt leider. Körperliche Gewalt gegen Kinder hat zwar von der Zahl her deutlich abgenommen, aber die verbliebenen Fälle sind gefährlicher, rücksichtsloser und verletzender geworden. Darauf sollten wir alle mehr achten und nicht locker lassen, wenn es einen begründeten Verdacht gibt. Der flächendeckende Versuch, jeden einzelnen Klaps zu verhindern, darf davon nicht ablenken.

DAS „LUSTPRINZIP" IST DIE HAUPTURSACHE verletzender Gewalt gegen Kinder. Ich bin überzeugt, dass es das Schlimmste ist, wenn Menschen auch noch als Mutter oder Vater glauben, das Wichtigste im Leben wäre, ob sie zu etwas Lust haben oder nicht. Diese Sorte Eltern nimmt leider zu, weil sie selbst so „erzogen" wurden: Jeder macht seins in der Familie, alle leben nebeneinander her, ganz nach Lust und Laune. Kinder, die so aufgewachsen sind, haben das verinnerlicht und können es sich gar nicht mehr anders vorstellen. Ein Baby oder Kleinkind lebt auf eine existentielle Weise aber auch nach dem Lustprinzip.

EIN BABY HAT NATÜRLICHERWEISE – im Gegensatz zu seinen Eltern – ganz zu recht eine egozentrische Sichtweise. Es kann noch nichts davon wissen, dass die vielen Seelen neben ihm auch Bedürfnisse haben, die zuweilen mit seinen eigenen kollidieren. Ich brauche nicht viel Phantasie, mir vorzustellen, was herauskommt, wenn zwei moralische „Säuglinge" miteinander kämpfen. Der eine ist klein und zerbrechlich, voll auf die Weisheit und den Verstand des anderen angewiesen, der andere groß und kräftig. Was kommt heraus? Schütteltraumata, im schlimmsten Fall Knochenbrüche und andere lebensgefährliche Verletzungen oder ein total ausgetrockneter, verdurstet-verhungerter Körper.

ELTERN, VERWÖHNT BLOSS EURE KINDER NICHT, DENKT AN EURE ARMEN ENKEL! Dieses furchtbare Schicksal hat in vielen Fällen auch mit Verwöhnung zu tun, bloß nicht der der Kinder. Ihre Eltern sind selbst verwöhnte Kinder geblieben. Sie können nicht Rücksicht auf andere nehmen, nicht einmal auf ihre eigenen Kinder. Sie wollen es, aber sie halten es einfach nicht durch. Meistens gibt es aber doch noch ein gutes Ende: Viele dieser Kinder reifen als frisch gebackene Eltern in einem Wahnsinnstempo und können aus dem Zuviel an Freiheit, das sie genossen haben, für ihre eigenen Kinder dann Liebe „spinnen", einem Rumpelstilzchen gleich in einer ähnlich verzweifelten Lage. Aber es geht nicht immer so gut aus.

VERWÖHNT WERDEN HEISST NICHT UNBEDINGT ZU VIEL GELIEBT ZU WERDEN. Es bedeutet zuerst, an ein verkehrtes Leben gewöhnt zu werden, in dem die Liebe, die Beziehung zum anderen, die Rücksichtsnahme auf seine Bedürfnisse viel zu kurz kommen. Die Eltern wurden müde, gegen die starke Natur ihres Kindes zu kämpfen, irgendwie waren sie von seiner egoistischen Durchsetzungskraft vielleicht sogar entzückt und dachten, in dieser Welt braucht man Ellenbogen. Wer denkt schon daran, dass diese sich später einmal gegen das eigene Fleisch und Blut richten könnten?

WER SORGT DAFÜR, DASS ES JUNGEN ELTERN SPASS MACHT, ihre kleinen Kinder zu pflegen? Alles hat seinen Preis in diesem Leben. Wer umsorgt und vollständig „bedient" wird, kann nicht zugleich bestimmen, wann was wie passiert, es sei denn, er ist König. Das allerdings sind viele Kinder bei uns. Es bekommt ihnen nicht gut, weil sie nicht lernen, selbst zu leben, und weil sich bei ihren „Untertanen", ihren Eltern, Kindergärtnern und Lehrern ein heimlicher Groll auf ihre Herrscherallüren anstaut. Das ist zwar unlogisch, weil ihn die „Untertanen" selbst erzeugen, aber trotzdem wächst er. Könige, die sich auch noch so benehmen, sind nämlich auf die Dauer selten beliebt. Das spüren sie, und es macht sie einsam. Das Ideal von der ganz besonderen Kinderfreundlichkeit – „Im Mittelpunkt steht das Kind!" – schadet in Wirklichkeit den Kindern.

EIN GROSSTEIL DER JUNGEN ELTERN, die heute so eklatant bei der Versorgung und Erziehung ihrer kleinen Kinder versagen, die kaum eine Frustrationstoleranz besitzen und schnell Wutanfälle bekommen, wenn nun ihre eigenen Kinder nicht mehr so funktionieren, wie sie das ein Leben lang von ihren alten Untertanen (Eltern, Großeltern, Sozialpädagogen, Lehrern) gewohnt waren, wurde mit vereinten gesellschaftlichen Kräften eine solche Königsmentalität anerzogen. „Kinder haben Rechte!" ist so ein missverständliches Zeitgeistmotto, wenn mit den Rechten die Pflichten nicht mitwachsen. Das Mindeste, was dann kleinen Kindern passieren kann, ist, dass ihre Königseltern einfach abhauen, wie es immer normal war, wenn sie „keine Lust" mehr hatten.

DIE SCHULE WAR SCHULD, sie war zu langweilig. Jetzt sind die Babys Schuld, sie sind auch zu langweilig, obendrein sogar noch anstrengender und nerviger als die Schule. Und es dauert viel zu lange, bis die Eltern sehen können, dass sie mit ihrer Zuwendung Erfolg haben. Der Unterricht wurde ja zunehmend und konsequent so umgestaltet, dass das immer kurzschrittiger möglich wurde – das Erfolge-Sehen. Warum funktioniert das jetzt nicht mehr? Wer gestaltet die kleinen Kinder didaktisch um, damit sie jungelternorientiert sind?

VERTRAUEN UND TROTZDEM VERBIETEN, WENN NÖTIG
„Ballerspiel" ohne Vorurteil ausprobieren
....

Eine Mutter fühlt sich hilflos, weil Ihr jugendlicher Sohn ständig mit virtuellen Gewaltspielen am Computer beschäftigt ist. Ich hatte geantwortet, dass Eltern allein, jeder für sich in der eigenen Familie, das Problem nicht lösen können. Sie brauchen Rückenwind durch die Gesellschaft, die in die Offensive geht und solche Spiele entschlossen aus dem Verkehr zieht.

Ich hatte nicht gedacht, dass ich damit lange Protestschreiben intelligenter – fast immer – junger Männer auslöse. Ich habe das Gefühl, dass diese Computerkampfspiele für sie eine Art „Lieblingsspielzeug" sind, das sie sich auf keinen Fall nehmen lassen wollen. Da reagieren sie allergisch. Sie kämpfen wie die Löwen, und sie haben beachtliche Argumente.

MICH MUSSTE MAN NICHT STÄNDIG ÜBERWACHEN. Sebastian L. zum Beispiel: „Ich weiß ja nicht, ob es jetzt aus der Mode gekommen ist, aber das, was ich erfahren habe, nannte sich *Vertrauen*." Eine Leserin äußert etwas Ähnliches: „Hauptsache ist, die Kinder werden im gesamten Lebensspektrum fest eingebunden." Familienhalt, zusammen etwas machen und erleben mit klaren Elternpositionen, so geht die Welt auch dann nicht unter, wenn Jugendliche virtuell ballern. Sie hat Recht, und sie hilft mir, das von Sebastian L. hervorgehobene Wort „Vertrauen" richtig wertzuschätzen: *Das Gute tatsächlich zu tun ist wichtiger, als das Schlechte zu verbieten.*

WER DAS WIRKLICH MACHT, wer ein Familienleben praktiziert, mit seinen Kindern kämpft und lacht, konsequent Regeln durchsetzt und an der richtigen Stelle die Ausnahme erlaubt, wer ihnen hilft, einen sicheren Platz im großen Netz der Familie und Freunde einzunehmen, der kann sie auch mal etwas tun lassen, was problematisch ist. Es wird sie – auf die Dauer – sogar stärken, wenn der familiäre Zusammenhalt trotz aller Missverständnisse immer wieder neu entsteht. Dann ist es auch sinnvoll, wenn Eltern so ein „Ballerspiel" ohne Vorurteile mal ausprobieren.

EINE KLARE ENTSCHEIDUNG, SO ODER SO. In Gottes Namen, dann soll er das, was für sein Alter zugelassen ist, eben ab und zu spielen. Oder: Das kann nicht gut sein. Dafür bin ich der Papa, bin ich die Mama, dass ich klipp und klar sage: Nein! Viele andere, vor allem die „Kumpels", die nicht so „beschränkte" Eltern haben, sagen „Ja" und das laut. Da wäre es gut, wenn Papa Staat auch ein bisschen Entschlusskraft hätte. Es ist einfach unfair, davon zu schwärmen, dass nur die Eltern das Recht zur Erziehung haben, wenn eine Mutter allein ist mit ihrem pubertierenden Nachwuchs. Da muss auch Papa Staat ran. Schlimmste Gewaltversuchungen sollten schlicht und ergreifend von vornherein verboten werden. Das ist nun durch den Bundesrat geschehen. Es ist ein bitter nötiges, klares Signal in einer Gesellschaft, in der es nur noch ein Tabu zu geben scheint: Das Spaßverbot.

RESIGNATION KÖNNEN SICH NUR DIE SATTEN LEISTEN
Wenn die Realität schwierig ist, sollte wenigstens das Denken positiv sein

Eine Leserin: „Der Sohn des ehemaligen Bundeskanzlers Willy Brandt antwortete auf die Frage, ob es ihn gestört habe, dass sein Vater so wenig Zeit für ihn hatte: Nein, so bin ich schneller selbstständig geworden. Es ist sicher nicht günstig, ständig nur für seine Kinder da zu sein. Wie man heute sieht, ‚erziehen' sich viele Leute ihre Ungeheuer so selbst."

Es ist zwar ein ernstes Problem unserer Welt, dass Menschen weniger Zeit füreinander haben, dass viele „ihrs" machen wollen – leider auch in der Familie – nach der Devise: Mach' was du willst, aber lass' mich dafür in Ruhe. Das unverbindliche Nebeneinander triumphiert zunehmend über das verlässliche Miteinander. Trotzdem faszinieren mich zunächst der Optimismus und das Weltvertrauen, die aus der Antwort des Sohnes von Willy Brandt sprechen.

ER KANN UND WILL EINEN MANGEL POSITIV SEHEN. Hat nicht im auffallenden Gegensatz dazu eine Jammermentalität in unserem übersättigten Westeuropa um sich gegriffen? Trotz allen Überflusses wird auf das gesehen, was fehlt. Es gibt zum Beispiel zu wenige Lehrstellen. Auch wenn sich diese Tendenz wegen der geburtenschwachen Jahrgänge umzudrehen beginnt, herrscht immer noch die Meinung vor, es lohne nicht, sich in der Schule anzustrengen: Die Lehrstelle, die ich will, kriege ich ja sowieso nicht. Wenn die Situation selbst schon schwierig ist, sollte dann nicht wenigstens und erst recht das Denken, das in die Zukunft weist, positiv sein?

PESSIMISMUS KÖNNEN SICH NUR DIE LEISTEN, die wissen, dass ihr Leben sowieso gesichert ist. Wäre der Schluss nicht viel logischer: Wenn es zu wenig gibt von dem, was ich will, dann muss ich mich erst recht anstrengen, um doch noch eine Chance zu haben? Wie war das in den ersten Jahren nach dem Zweiten Weltkrieg? Die Menschen haben bis zur Erschöpfung gekämpft, obwohl es nicht nur an Lehrstellen mangelte, sondern auch an Brot, an Wohnungen und elementarer medizinischer Versorgung.

WARUM HABEN WIR DAS POSITIVE DENKEN WEITGEHEND VERLERNT? Weil sich hier seit langem, auch schon in der DDR, eine erzieherisch sehr unwertvolle Vollkaskomentalität etabliert hat. Der Friedensnobelpreisträger und Banker Muhammad Yunus hat vollkommen Recht: „Die Sozialhilfesysteme in den westlichen Wohlstandsgesellschaften haben die Instinkte der Menschen verdorben." Natürlich, einer, der nach vielen Jahrzehnten beruflicher Tätigkeit trotz ehrlichen Bemühens keine neue Arbeit bekommt, der hat Anspruch darauf. Aber mit „Hartz IV" das Sozialamt, das vorher wirklich nur für extreme Lebensnotfälle da war, für Menschen, die nie gearbeitet haben, „niedrigschwellig" bequem begehbar zu machen, war gesellschaftspädagogisch eine der größtmöglichen Dummheiten. Es trägt zur grandiosen erzieherischen Defensive bei, in der sich Eltern und Lehrer in diesem Land befinden.

EIN BISSCHEN FRIEDEN
Mehr Staat in der Disko?

Ein Vater berichtet von einer Beobachtung. „Ich erlebe immer wieder, wenn ich meine 19-jährige Tochter von der Disko abhole, dass sich dort sogar noch um drei und auch um vier morgens Kinder und Jugendliche ohne Begleitung Erziehungsberechtigter tummeln, Manche scheinen noch nicht mal 16 Jahre alt zu sein. Natürlich rauchen fast alle, zwar zumeist draußen, aber auch das ist ja für unter 18-Jährige zu Recht verboten."

Das ärgert auch mich. Ich halte das für unverantwortlich, und es provoziert einige Fragen:

WIE WILL DER STAAT, DER UNFÄHIG UND UNWILLIG IST, in den öffentlichen Räumen für Ordnung zu sorgen, Kinder in den privaten Räumen ihrer Eltern schützen? Wie will er die Verletzung von Kindern in Privatwohnungen verhindern, wenn ringsherum auf öffentlichen Plätzen und Straßen Gewalt an der Tagesordnung ist, zumindest Gewalt gegen öffentliche Gegenstände wie „unschuldige" weiße Wände? Da ist er ja wie ein Papa oder eine Mama, die das Kinderzimmer kontrollieren, aber nicht in der Lage sind, das Chaos im Wohnzimmer und in der Küche in den Griff zu kriegen. Wohin kommen wir, wenn sich Eltern und Lehrer am Papa Staat ein Vorbild nehmen und sich die gleiche Feigheit bei der Durchsetzung von Regeln und Gesetzen angewöhnen? Sie könnten dieses gleichgültige Wegschauen dann ja ebenso vornehm „Deeskalationsstrategie" nennen. Woher sollen Eltern und Lehrer die Kraft nehmen, in ihren Wohnungen und Schulen für geordnete Lebens- und Entwicklungsbedingungen der Kinder zu sorgen, wenn der Staat ringsherum die provozierende Missachtung elementarer Ordnungen zulässt?

DEN AGGRESSIONEN DER WICHTIGTUER UND HERUMDÜMPELER ist der Staat schon lange nicht mehr gewachsen. Er ist deshalb ängstlich darauf bedacht, sie nicht durch „obrigkeitsstaatliche Gängelei" zu „provozieren". Warum wird dann aber Mut zur Erziehung und Konsequenz von den Eltern und Lehrern verlangt? Weil sie noch rechtzeitig mit der Erziehung der Kinder beginnen können und sollen, bevor es Rüpel oder Individualisten werden, die nur noch ihren eigenen Begierden und Süchten vertrauen. Richtig! Aber wie soll eine alleinerziehende Mutter das schaffen, ohne Rückhalt aus der Gesellschaft? Können wir ihr wirklich verübeln, dass sie den Weg des geringsten Widerstands geht? Schließlich will sie auch nur ein bisschen Frieden, geradeso wie die Staatsmacht.

13-JÄHRIGE, QUALMEND UND MIT BIERFLASCHEN IN DER HAND zu allen Tages- und Nachtzeiten. Wenn wir das nicht mehr erleben wollen, kommen wir alle nicht umhin, über Erziehung grundsätzlich neu nachzudenken. Mit Partnerschaftlichkeit allein, mit der vielbeschworenen Kommunikation auf gleicher Augenhöhe ist es offenbar nicht getan. „Ich-Botschaften" und „Aktives Zuhören" sind wirklich gut und richtig (vgl. Thomas Gordon). Genauso wichtig ist es aber, dass die Kinder und Jugendlichen lernen, Niederlagen auf kultivierte Art und Weise zu verkraften, damit sie nicht ausflippen müssen, wenn sie etwas Ersehntes nicht bekommen, z.B. von einem begehrten Mädchen oder Jungen zurückgewiesen werden.

IN DIE OFFENSIVE KOMMEN: MUT ZUR ERZIEHUNG
Gibt der Klügere nach?

Herr Z. stimmt mir zu. „Ich fürchte, Sie haben Recht damit, dass der Staat den Aggressionen der jungen Herumdümpeler, die er durch ein Eingreifen, durch ‚obrigkeitsstaatliche Gängelei' nicht provozieren will, in vielen Fällen sowieso nicht gewachsen wäre. Der Zug ist abgefahren. Heute läuft eine Armada von Sozialpädagogen den minderjährigen Aussteigern hinterher. Da sind die, die von vornherein fleißig sind, ja die Dummen."

Eine Lösung sehe ich nur, wenn wir uns auf den Mut zur Erziehung einigen könnten. Er ist Mut zur Beziehung und Mut zur aktiven Gestaltung des eigenen Lebens, zu dem natürlich ganz primär auch die Kinder gehören.

IN DEUTSCHLAND IST EINE RIESIGE SOZIALPÄDAGOGIK-INDUSTRIE ENTSTANDEN. Es werden Milliarden auf diesem Gebiet verdient. Die Theorien dieser Pädagogik, insbesondere dass eine Gemeinschaft sich immer noch mehr den individuellen Bedürfnissen der Kinder und Jugendlichen anzupassen hätte, anstatt diese zum umgekehrten Prozess zu befähigen, haben genau die Probleme mit erzeugt, mit deren Bewältigung diese „Industrie" nun ihr Geld verdient. Nicht die Probleme werden schrittweise der Welt angepasst, sondern unsere Welt passt sich denen an, die am lautesten und ungeniertesten Probleme machen. Der Klügere gibt nach? So lassen sich natürlich Konflikte auch lösen. Fürs Erste gibt es weniger Stress. Aber aufgeschoben ist nicht aufgehoben.

ERZIEHUNG IST EINFACH, EIGENTLICH. Es müssen wenige Regeln nur so lange durchgesetzt werden, freundlich und bestimmt, bis sie zu einer alltäglichen Gewohnheit geworden sind. Das ist möglich, ohne weiteres, wenn sich Erziehende darüber nur einig sind und wenn sie es dürfen und wirklich wollen. Das ganze Leben ist Erpressung: Ernährst du dich nicht gesund und bewegst du dich zu wenig, wirst du krank. Erziehung ist die Art der Erpressung, die mit Liebe und pädagogischem Wissen, Großherzigkeit und Konsequenz zum Wohle des Kindes stattfindet. Wir könnten mit den Aussteigern offensiv und lebensbejahend umgehen, wenn wir es nur wollten.

ES GIBT JA AUCH „INSELN", wo das gemacht wird und wo es funktioniert wie zum Beispiel im Trainingscamp von Herrn Lothar Kannenberg (www.durchboxen.de). Das, was dort als intensive Nacherziehung funktioniert, müssen wir von vornherein in den Alltag der Familien und Schulen, aber auch des öffentlichen Lebens integrieren. Tun wir das rechtzeitig, sparen wir viel Leid, denn gleich richtig zu erziehen ist immer viel leichter, als etwas gewohnt Falsches mühsam wieder gerade zu rücken. Da lassen sich dann Brüche mit den dazugehörigen Schmerzen nicht vermeiden.

4. ORDNUNG IN DIE LIEBE BRINGEN
Gerade weil die Liebe das Größte ist, hat sie Anspruch auf eine Ordnung

ORDNUNG IST DAS HALBE LEBEN. Ich glaube, das stimmt sogar in der ursprünglichen Bedeutung des Wortes, wenn ich bedenke, wie viele Stunden ich in meinem Leben für sinnlose Suchereien verplempert habe. Ich meine jetzt aber eine soziale, eine seelische Ordnung: Eine Ordnung der Seelen. Da würde ich sogar sagen, Ordnung ist das Dreivierteleben: Jeder braucht seinen Platz in der Familie und in der Schule. Die Elternrolle ist eine andere als die Kinderrolle. Eltern und Kinder sind eben keine Kumpel. Sie sind viel mehr als „Partner" oder Spielgefährten, von denen es im Leben Dutzende gibt. Eltern gibt es nur einmal (hätte ich früher gesagt), aber jedenfalls gibt es sie nicht so zahlreich wie Freunde (in aller Regel). Jeder muss wissen, wo sein Platz in der Gemeinschaft ist, was seine Rechte und Pflichten sind. Und ein Vater oder Lehrer ist eben kein besonders groß geratener Junge und eine Mutter oder Lehrerin kein besonders groß geratenes Mädchen. Sie spielen in einer ganz anderen sozialen Liga.

UND AUCH DU, MEIN JUNGE, das ist sicher, wirst einmal alt. (Das geht schneller als dir lieb ist – jedenfalls im Nachhinein). Dann tust du nur noch, was du selbst einsiehst und so beschlossen hast. (Siehst du, Punk, wenn du nicht schon jetzt nur alles das machen würdest, worauf du „Bock hast", hättest du doch eine „future". Es würde sich für dich lohnen, älter zu werden. So leider nicht.) Dann erziehst du selbst deine Kinder oder du wirst vielleicht sogar Lehrer. (Denkste! Das will sich heute kaum noch einer antun. Ein großer Lehrermangel ist vorauszusehen.) Jetzt bist du noch ein Junge, jetzt musst du im Zweifelsfall gehorchen, auch wenn du keine Lust dazu hast.

KINDER BRAUCHEN EINEN KLAREN LEBENSRHYTHMUS
Wenn es scheinbar nur noch mit Tabletten geht

Frau M. fragt: „Unser 13-Jähriger ist bei jeder Gelegenheit auf 180. Sollen wir ihm Ritalin-Tabletten geben, damit er dem Unterricht folgen kann und sich nicht ablenken lässt?"

Ich denke: Ja, wenn das Ritalin ein Hilfsmittel bleibt. Das gilt für alle Medikamente, erst recht für Psychopharmaka.

DAS ENTSCHEIDENDE IST, DASS SIE RUHE IN IHRE FAMILIE BRINGEN. Ihr Sohn braucht in ihr seinen sicheren Platz, er muss wissen, was er darf und was er soll, und er braucht Gelegenheiten, die Kräfte eines großen Jungen auf dieser Grundlage sinnvoll zur Geltung zu bringen, in der Familie und außerhalb, beim Sport zum Beispiel. Er muss Verantwortung tragen, die allerdings in kleinen überschaubaren Schritten abgerechnet wird. Er braucht einen besonders klaren, verlässlichen Lebensrhythmus. Gemeinsame Mahlzeiten bieten sich dazu gut an; sie sind Eckpunkte des familiären Lebens in mehrfacher Hinsicht: Ort und Zeit sind sicher, und wir essen erst, wenn alle da sind. Wir konzentrieren uns auf uns. Zu viele Konserven sind ungesund, auch die Lebenskonserven aus dem Fernsehen.

WIR NEHMEN DAS DIREKTE, FRISCHE LEBEN DAFÜR. Wir erzählen uns vom Tag, von unseren Erfolgen und Niederlagen. Die Ältesten fangen an: Sie belehren nicht, sie sprechen weniger über sich, als aus sich heraus, bringen ihre Gefühle in den Kreislauf des Familienklimas ein, vervielfachen durch den Widerhall bei den anderen erlebtes Glück und entgiften so erlebtes Leid. Jedem, der redet, wird aufmerksam und zugewandt zugehört. Eine wunderbare und so nötige Kulturleistung für die Schule und das Leben. (Ohne das bleiben wir bei PISA immer hinten.)

KEINER STEHT EINFACH AUF, WENN ER SATT IST. Ob das nämlich auch für den Gefühlsaustausch zutrifft, ist eine kompliziertere Frage. Diese entscheiden die Eltern. Alles das – auch die konkrete Beteiligung an der Vorbereitung von Mahlzeiten – ersetzt kein Medikament. Das müssen die Eltern leisten, aber richtig ist: Es hilft, dass Erziehung besser bei unruhigen und aufmerksamkeitsgestörten Kindern an und zur Geltung kommt. Wenn Eltern und Lehrer die Flegeleien von Kindern allerdings damit entschuldigen, dass diese heute keine Tablette bekommen hätten, ist das für mich inakzeptabel. Du bist für dein Verhalten verantwortlich und nicht das Medikament, würde ich meinem Kind sagen. Hast du vergessen, es einzunehmen, musst du besonders auf dich aufpassen. Du schaffst das einen Tag auch einmal ohne Tablettenhilfe. Das muss doch zumindest erst einmal erwartet und verlangt werden. Nicht klappen tut es dann noch von alleine. (Gebt der Vernunft doch bitte eine Chance!)

GIBT ES EINE POSITIVE „ELTERLICHE GEWALT"?
Der Anschein von moralischer Korrektheit nutzt den Kindern nicht

Familie L. aus Niesky will wissen: „Elterliche Gewalt" – was meinen Sie damit? Seit Ende 2000 ist doch ins Bürgerliche Gesetzbuch ausdrücklich aufgenommen worden: „Kinder haben ein Recht auf gewaltfreie Erziehung".

Ich bin über diese Formulierung nicht glücklich. Denn die Schulpflicht ist z.B. auch eine Form der Gewalt, sie wird – zu Recht – mit staatlichen Zwangsmaßnahmen durchgesetzt. Gemeint ist: Verletzende, misshandelnde Gewalt. Die war allerdings schon vorher verboten.

WANN UND WIE IST „ELTERLICHE GEWALT" POSITIV? Kinder brauchen körperlichen Halt, insbesondere dann, wenn sie unruhig und/oder oberflächlich sind, wenn sie Schwierigkeiten haben, eine intensive Beziehung zu ihren Mitmenschen herzustellen. Dann muss ich mein Kind auf dem Schoß festhalten, dann kann ich nicht warten, bis es „Lust hat", mir zuhören zu wollen. Und wenn es mir ausweicht, dann halte ich seinen Kopf fest und sehe ihm in die Augen und sage: „Du hörst mir jetzt zu!" Vieles läuft heute halb, unverbindlich und nebenbei: Fernsehen, und drei Leute reden durcheinander. Eltern müssen den Mut haben, in Phasen konzentrierter Zuwendung Erwartungen eindringlich und ausdrücklich in der Seele ihrer Kinder zu „versenken". Und wenn das Kind nicht zuhören kann, weil es selbst noch viel zu wütend ist, dann darf es wütend sein, aber es braucht den Rahmen elterlichen Halts, damit es sich spüren und finden kann.

DIE „KONTERMUTTER" IST AUCH EINE MUTTER: „DU SCHLÄGST MICH NICHT!" „Das verhindere ich mit meiner Kraft, auch weil es für Dich ganz schlimm wäre, wenn Du Eltern hättest, die sich schlagen lassen." Verunsicherte Mütter oder Väter lassen ihr sich aufbäumendes Kind, dessen Kraft sie überrascht, los, überlassen es sich selbst, entziehen sich, wo sie so nötig gewesen wären als zuverlässiger, geliebter Widerpart, quasi als „Kontermutter" oder „-vater". Sie lassen los aus Angst, ihrem Kind Gewalt anzutun, aus Angst, seinen Willen zu brechen. Wenn ich ein Kind festhalte, das vor Wut, aus Verzweiflung oder Enttäuschung außer sich ist, dann breche ich doch nicht seinen Willen. Das Gegenteil ist der Fall.

EIN SICHERER HALT HILFT, GEFÜHLE LOSZULASSEN. Ein gehaltenes Kind kann seine Gefühle in der Konfrontation mit Vater oder Mutter endlich einmal vollständig und intensiv ausdrücken. Gefühlsrückstände kommen heraus wie beim Motor, der einmal mit Vollgas gefahren wird. Die Gefühle entweichen nicht sinnlos in die Atmosphäre, sondern sie treffen auf die der Eltern, die sie aufnehmen, verstehen und gedolmetscht zurückgeben. Dadurch können sich Wut und Trauer auf gute Weise abarbeiten und reinigen. Die Liebe zwischen Eltern und Kindern muss zuerst und lange körperlich (gewesen) sein, bevor sie sprachlich werden kann, und zwar nicht nur ihre zärtliche Seite, sondern auch ihre konfrontative.

WER DIE VERANTWORTUNG TRÄGT, MUSS FÜHREN
Elternschaft ist viel mehr als Freund sein

Herr John aus Schwepnitz hat sich an den Bundestag gewandt, weil er mit Sorge ein „gefährliches Defizit bei der Gesamterziehung unserer Jugend" sieht. Ihm wurde geantwortet: „Die Kampagne des Bundesfamilienministeriums ‚Mehr Respekt vor Kindern!' hat schon gute Früchte getragen." Er daraufhin: „Hat sich die Bundesregierung auch schon einmal Gedanken über eine Kampagne ‚Mehr Respekt vor Erwachsenen!' gemacht?"

Das liegt offenbar gar nicht im Bereich des Denkbaren: Einbahnstraßen-Denken – erstaunlich in einer offenen, kreativen Gesellschaft. Dabei ist doch klar: Richtigen Respekt vor Kindern kann man nur haben, wenn man erst recht Respekt vor denen hat, die die Verantwortung für sie und ihre Entwicklung tragen und wahrnehmen:

EINE GESELLSCHAFT IST NICHT WIRKLICH KINDERFREUNDLICH, wenn sie nicht zuerst Eltern- und Lehrerfreundlich ist. Und dies – und da ist ein Haken – auch von den Kindern selbst erwartet. Kinderfreundlichkeit ist bei uns zu oft Erziehungsfeindlichkeit. Das ist ein fundamentaler Irrtum, denn Kinder haben ein Recht auf Erziehung. So geht es meist den Leuten, die zwar viel über Kinder reden aber nicht mit ihnen über Jahre erfolgreich praktisch zusammen leben, und zwar ohne Kindermädchen. Kinder können nur dann stark, frei und sicher werden, wenn es ihre Eltern und Lehrer auch sind.

WAS IST DIE WÜRDE EINES KINDES WERT, das seinen Eltern auf der Nase herumtanzen darf? Wenig, da es mit ihnen in einer sozialen Symbiose lebt. Es entwertet sich so selbst, was es dann wieder durch ein noch höheres Maß an Geltungsstreben und Wichtigtuerei ausgleichen muss. Das „Kind" kann nur dann übermütig, verspielt, keck, schwach und furchtsam sein, eben „kindlich" und ab und zu auch kindisch, wenn ihm seine Eltern „Deckung" und Rückhalt dafür geben durch ihre Stärke und ihren vernünftigen Überblick. Die elterliche Führung macht die kindliche Freiheit erst möglich. Eltern sind für ihre minderjährigen Kinder juristisch und moralisch verantwortlich. Umgedreht gilt das nur auf der moralischen Ebene und das auch erst für ältere Schulkinder.

WER „VORPFLICHTEN" HAT, MUSS AUCH VORRECHTE HABEN. Eine „Vorpflicht" der Alten ist es zu arbeiten, ihre Kinder zu versorgen und ihnen ihre Erfahrungen mitzuteilen. Dies nicht als ihre „Kumpels", sondern als ihre erziehenden Mütter, Väter und Lehrer zu tun, ist ihr Vorrecht. Geben sie ihren Kindern so Sicherheit in den Grundlinien des Verhaltens, wird ein offenes Leben und Lernen möglich. Das schließt sich nicht aus, sondern bedingt sich. Bezogen auf die Schule, bedeutet es: Lehrer, die ungeschützt von der Gesellschaft ständig auf der Hut sein müssen, ihre Würde und die der „Streber" und anderen Außenseiter gegen die schlimmsten Angriffe zu schützen, können kaum offene Formen des Unterrichts riskieren. Ohne einen Kern des Respekts und der alltäglichen Pflicht nutzen auch die allerneuesten didaktischen „Designs" nichts.

GEWISSEN KOMMT VON WISSEN
Es ist schwer genug, klaren und eindeutigen Erwartungen zu entsprechen
....

KINDER WERDEN BESTIMMT NICHT HAARGENAU die Kultur ihrer Eltern übernehmen und fortführen. Sie brauchen aber klare Erwartungen, an denen sie sich orientieren und reiben können, um daraus im Laufe ihrer Jugend etwas Neues und Eigenes zu bilden. Das Gewissen kommt von Wissen. Kinder müssen erst einmal einfach wissen, an was sie sich halten sollen, klipp und klar. Das gehört sich und das gehört sich nicht. Das macht man und das macht man nicht.

VIELE KINDER KENNEN HEUTE NICHT EINMAL MEHR DIE EINFACHSTEN REGELN des Anstandes. Seelenruhig werfen sie Verpackungen auf den Gehweg, stellen oder legen schmutzige Schuhe auf Sitzflächen ohne die geringste Spur eines schlechten Gewissens. Das Leben geht weiter. Vielleicht lebe ich hinter dem Mond, und es ist fortschrittlich, dass man auf den Lehnen von Bänken sitzen muss. Aber auch dann, wenn Junge etwas wirklich Besseres schaffen, als es bei den Alten üblich war, müssen sie ja zumindest wissen, worin dieses Alte bestand, das sie besiegt haben. Würden Omas heute ihre Enkel nicht nur mit „Hi" begrüßen, sondern auch noch zerrissene Jeans tragen, trieben sie die junge Generation in die Verzweiflung. Was bliebe den Teenies dann, um sich auf neue, unverwechselbare Art von den Alten abzuheben? Es geht nicht darum, den Kampf der Generationen abzuschaffen, sondern ihn fair und durchschaubar zu machen. Nur so entwickelt sich die Welt.

KONFLIKTE MIT KLARER POSITION BEWÄLTIGEN
Der „Bengel" kann nicht zugleich der Chef sein

....

Reinhard Büst aus Dresden schreibt mir: „Es hat sich weit verbreitet, dass Kinder ihre Eltern mit Vornamen anreden. Das ist auch schon in meiner Generation teilweise so. Ich habe dies bei meinen Kindern nicht zugelassen und dies auch deutlich gemacht. Meine Kinder sind 21 und 24 Jahre alt und reden mich selbstverständlich immer noch mit Papa und meine Frau mit Mutti an. Ich finde, so ist die Welt in Ordnung. Die Reihenfolge der Generationen muss gewahrt bleiben. Aus der Sicht der Eltern ist diese Verhaltensweise natürlich verlockend. Durch das auf eine Stufe stellen mit den nachfolgenden Generationen glaubt man, der Zeit ein Schnippchen schlagen zu können, selber jung zu bleiben."

Manche Pädagogen und Psychologen glauben, Konflikte mit der jungen Generation vermeiden zu können, indem sich die Erwachsenen immer mehr an die Interessen und Ansprüche der Jugendlichen anpassen.

DIE ERSTE VORAUSSETZUNG FÜR EINE KONFLIKTLÖSUNG ist die klare Darlegung der unterschiedlichen Positionen. Wenn alles verschwommen und verwaschen ist, kann keiner vom anderen lernen, und es ist kein Brückenschlag möglich, weil gar nicht klar wurde, wo die Pfeiler sind, die miteinander verbunden werden sollen. Es gibt Eltern- und Lehrerpfeiler auf der einen Seite und Kinder- und Schülerpfeiler auf der anderen. Wollen beide Seiten gute Beziehungen aufnehmen, darf sich der eine nicht als der andere aufführen oder beim anderen einschleichen, denn auf einem Bein steht's sich schlecht. Und freischwebende Brücken, die nur aus „goldenen Mitten" bestehen, gibt's sowieso nicht. Eltern und Kinder, Lehrer und Schüler brauchen die Standfestigkeit ihrer jeweiligen sozialen Position, um aus dieser heraus menschlich, freimütig und offen agieren zu können.

SOZIALE POSITIONEN GEBEN HALT MIT ALLEN VOR- UND NACHTEILEN. Richtig verschmitzt und frech kann ein Junge nur sein, wenn er die sichere Position des „Lausebengels" in der Familie hat. Das hat seinen Preis: Wer frei ist und vorläufig in geschützter Position das Leben beobachten, spielen, lernen und ausprobieren will, kann nicht zugleich der Chef sein wollen, wenn es Ernst wird, und er muss auch eine verdiente Strafe akzeptieren, ohne den Eltern seinerseits Fernsehverbot erteilen zu wollen. Aber „Freund" Uwe kann schlecht „Freund" Paul erziehen, das müssen schon der Papa und die Mama mit dem Sohn machen. Wer sich jetzt über diese furchtbare „Hierarchie" empören will, sei beruhigt:

DAS ÄLTERWERDEN GESCHIEHT VON ALLEIN. Auch der Junge kann, wenn er will, einmal Papa sein. Das Nicht-abwarten-Können, das Alles-immer-gleich-haben-Wollen ist eine Crux unserer Zeit. Nein! Alles hat seine Zeit, im Januar gibt's keine Erdbeeren und zum ersten Advent noch keine Bescherung; ein minderjähriges Kind hat andere Rechte und Pflichten als ein volljähriges. Und dazu kommt: Gleichgültig in welcher Lebensphase: Kinder bleiben Kinder. In dieser Beziehung sind die eigenen Eltern uneinholbar, sie bleiben Mutter und Vater ein Leben lang.

DIE WÜRDE DES MENSCHEN IST UNANTASTBAR
Gilt das auch für Lehrer?

Frau S. fragt nach: „Sie schreiben von Eltern- bzw. Lehrerpfeilern einerseits und Kinder- bzw. Schülerpfeilern andererseits, deren Standpunkt klar und fest sein müsse, damit zwischen ihnen Brücken geschlagen werden

können. Da ist was dran. Andererseits werden damit sehr deutlich Gräben zwischen den Generationen ausgehoben. Ist das gerade in der Schule so günstig? Der Knauf an der Lehrerzimmertür macht den Schülern immer wieder ihre abhängige Position bewusst. Ist das gut so?"

Wir sind uns sicher einig: Der gegenseitige Respekt zwischen Schülern und Lehrern ist eine entscheidende – meiner Meinung nach sogar die entscheidende – Bedingung für erfolgreiches Lernen. Die große Frage ist: Wie entsteht er? Wenn Lehrer ihre Schüler mögen und respektieren, so wie jeder einzelne sich nun einmal entwickelt hat, ist das dann die Voraussetzung dafür, dass die Schüler dankbar auch die Lehrer respektieren? Ich fürchte, das ist zwar eine notwendige aber keine ausreichende Bedingung dafür.

SCHÜLER UND ELTERN FORDERN HEUTE, dass die Lehrer ihnen etwas Besonderes bieten. Stellen Sie sich die Schule im kaiserlichen Deutschland vor: Die Schüler werden nur mit Nachnamen angeredet, haben aufzuspringen, sonst droht der Rohrstock. Wie dankbar wären die Schüler hier für einen Lehrer gewesen, der sie mit Vornamen anredet und der sich um ein einfühlsames persönliches Verhältnis zu ihnen bemüht. So ein Lehrer konnte gut und mit Erfolg auf Macht verzichten. Wie ist das aber in einer Zeit, in der kein Schüler mehr vor dem „Herrn Lehrer" zittert?

HEUTE HABEN PROZENTUAL ENTSCHIEDEN MEHR LEHRER ANGST vor der Schule als Schüler. Ich bin überzeugt, dass das zumindest in den nichtgymnasialen Schulen so ist, ohne dass ich eine konkrete vergleichende Studie dazu kenne. Kaum ein Lehrer hält seinen angeblich machtstrotzenden Beruf bis zum Ende durch, obwohl er doch ein gut bezahlter Halbtagsjob sein soll. Werden nur böse und untalentierte Menschen Lehrer, und die Guten ergreifen die anderen Berufe?

NATÜRLICH MACHEN AUCH LEHRER FEHLER. Vor allem wenn sie hilflos mit dem Rücken an der Wand stehen und sich von Jugendlichen Beleidigungen gefallen lassen müssen, die unter Erwachsenen zu Gerichtsprozessen führen würden. Da kann es schon passieren, dass sie sich abschotten und hohe fachliche Anforderungen „nutzen", um sich zu rächen. Und Schüler mit ihren Eltern lassen sich das wieder nicht gefallen – ein Teufelskreislauf. Offene Türen im Schulhaus sind da ein schöner Gedanke, aber dann müsste es sicher sein in diesem Haus, auch in Bezug auf einen elementaren Standard an Achtung und Respekt für diejenigen, die ein Berufsleben lang in die Schule gehen. Das ist der primäre Unterschied zwischen Deutschland und den PISA-Siegern.

ICH FINDE DIE FORDERUNG, dass Lehrer ihren Schülern heute etwas Besonderes zu bieten hätten, von Grund auf falsch. Aber wenn schon, dann muss sie umgedreht auch gelten. Ich höre von Freien Schulen, denen die Schulämter haarklein vorschreiben, was pädagogisch sein darf und was nicht. Sie benehmen sich damit genau wie die „autoritären Pauker", die sie um jeden Preis verhindern möchten. Die Lehrer sollen auf's Wort gehorchen, etwas was ihren Schülern auf keinen Fall zuzumuten ist. Ich hoffe sehr, dass es uns mit der Gründung der „August-Hermann-Francke-Schule", einer Freien Christlichen Schule in Leipzig (www.AHFGrundschule.de) nicht ebenso ergeht.

DIE GESCHÄFTSGRUNDLAGE MUSS KLAR SEIN
Auf Macht können Eltern nur einfühlsam verzichten, wenn sie sie haben
....

Frau B. hakt nach: „Sie fordern dazu auf, ‚mit freundlicher und entschlossener Konsequenz auf die gründliche Erledigung der Haushaltspflichten zu bestehen.' Das ist leicht gesagt. Meine 13-jährige Tochter zeigt mir da schlicht einen Vogel und geht."

Das ist in der Tat ein Problem. In den letzten Jahrzehnten wurde die Macht der Eltern und anderer Erziehender unter Generalverdacht gestellt. Und es gibt ja in der Tat überforderte oder sogar kaltherzige Eltern, die nur mit sich beschäftigt sind und an ihren Kindern brutal herumzerren.

IMMER WIEDER SOLCHE BILDER. Ein kleines Kind kann beim besten Willen nicht mit den großen, schnellen Schritten seiner Mutter mithalten, fällt hin und wird unsanft wieder hochgerissen. Das Kind braucht Schutz vor der Willkür dieser Mutter. Die Gesellschaft muss ein Auge auf sie haben, das aber weniger durch anonyme Ämter, an die die Verantwortung delegiert werden kann, als vielmehr durch die Menschen, die konkret, wenn vielleicht auch zufällig, dabei sind. Die Mutter braucht eine deutliche Korrektur ihres falschen Weges: „Ihr Kind kann nicht mehr! Merken Sie das nicht?"

ABER NICHT DAS KIND MIT DEM BADEWASSER AUSSCHÜTTEN. Es hilft nichts, wenn mit der bösen, egozentrischen Macht, die nur an „ihre" eigenen Bedürfnisse „denkt", zugleich auch die gute, hilfreiche abgelehnt wird. Dann kommen wir in die Situation der oben zitierten Leserin. Manche meinen nun vielleicht, es kann doch nur gut sein, wenn Eltern durch die Beschneidung ihrer Macht gezwungen sind, ihre Kinder mit guten Argumenten von der Notwendigkeit unbeliebter Pflichterfüllung zu überzeugen, anstatt einfach nur zu befehlen. Selbst wenn es noch so wäre wie vor 50 Jahren: Befehle allein reichen nie, jedenfalls nicht in der Familie. Gute Argumente sind immer nützlich, vor allem wenn Kinder in die Pubertät kommen.

IM ZWEIFELSFALL, WENN EINE EINIGUNG NICHT MÖGLICH IST, die Situation aber eine klare Entscheidung verlangt, entscheiden die Eltern. Dazu müssten wir uns alle in der Gesellschaft über die „Geschäftsgrundlage" der Eltern-Kind-Beziehung im Klaren sein: Die Eltern haben die Verantwortung. Sie haben dafür zu sorgen, dass sich ihre Kinder gut entwickeln. Die Kinder dürfen unter dem Schutz der Familie langsam in dieses Leben hineinwachsen, sie müssen kein Geld verdienen, sie dürfen lernen und Erfahrungen sammeln. Dafür haben sie im Zweifelsfalle, wenn sie sich mit ihren Eltern nicht einig werden, auf sie zu hören. Selbstverständlich? Ich fürchte nicht. Auf Macht können Eltern nur dann einfühlsam verzichten, wenn sie sie besitzen. Dann führt elterliches Nachgeben auch zu Dankbarkeit bei den Jungen und zu ihrer Bereitschaft, Versäumtes nachzuholen.

ELTERN UND LEHRER BRAUCHEN RÜCKHALT. Dem aufbegehrenden Jugendlichen muss gesagt werden: Bemühe dich um einen Kompromiss, wenn du denkst, dass deine Bedürfnisse zu kurz kommen. Gelingt die Einigung trotzdem nicht, gilt, was deine Eltern sagen und basta. Mach' es wie sie, sei einfach echt und sprich' ehrlich von deinen Gefühlen und Beweggründen und bleib' freundlich und ruhig.

KEINE HALBEN SACHEN MEHR!
Teile deine Angst mit mir – ich möchte dich verstehen

....

Eine Mutter schreibt von ihrer aufgeweckten Tochter, die jetzt, kurz vor dem Übergang zum Gymnasium, große Angst vorm alleine schlafen hat. Zugleich will sie ihre Mitmenschen beherrschen.

Kinder, besonders die mit von Natur aus vererbten großen Lebensenergien und Gestaltungswillen, brauchen einen klaren elterlichen Rahmen. Je „elastischer" Eltern und Lehrer zurückweichen, desto mehr verweigern sie den Kindern ein Gefühl des sicheren Lebensgrundes, und das müssen sich diese dann ersatzweise immer wieder neu selbst herstellen. Solche Kinder sagen sich – natürlich unbewusst:

WENN MEINE ELTERN ZU SCHWACH SIND, meinem Leben Halt und Grenzen zu geben, muss ich eben selbst der Chef sein. Jedes Ersatzhandeln, das tiefe seelische Bedürfnisse überbrücken soll und muss – hier nach Sicherheit, Halt und Orientierung durch die Menschen, von denen ein Kind abhängig ist, also von seinen Eltern –, erhält Schritt für Schritt Sucht- und Zwangscharakter. Solche Kinder müssen dann andere beherrschen. Je länger sie das gewohnt waren, desto schwieriger wird es, einen solchen Gang der Persönlichkeitsentwicklung umzulenken. Aber ich bin Optimist: Mit Liebe, Geduld, Entschlusskraft, Konsequenz und Ausdauer geht (fast) alles. Wenn ein Mensch noch ein Kind ist, sowieso. Bloß jetzt an der Stelle, wo nach guter Vorbereitung dieser Umkehrprozess eingeleitet werden soll:

KEINE HALBEN SACHEN MEHR, KEINE VERZAGT- UND UNENTSCHLOSSENHEIT. Manche glauben ja im Ernst, dass Erziehung etwas mit viel reden zu tun hat. Nein, es kommt auf das richtige praktische Handeln an, auf Zuhören und auf gutes Reden, ohne lange Monologe: „Du hast große Angst. Du möchtest nicht allein einschlafen. Das nehme ich ernst, das glaube ich dir. Erzähl' mir noch mehr davon, wenn du willst und kannst ... (Lass' mich so genau wie möglich deinen Ängsten folgen. Ich möchte mich einfühlen, dich verstehen. Teile deine Angst mit mir.) Weil du so große Angst hast, gehen Papa oder ich mit dir zusammen schlafen. Wir passen auf dich auf. Wir sorgen für deine Sicherheit."

„ICH HALTE DICH, ICH UMFASSE DICH GANZ FEST." Wenn es dann so weit ist und das Kind auch hier wieder die Herrschaft übernehmen und bestimmen will, wie die Eltern es beim Einschlafen beschützen sollen, sagen diese: „Du bist jetzt schwach, du hast große Angst. Ich bin stark und beschütze dich, und ich bestimme deshalb auch, wie das passiert. Ich halte dich so lange, bis du eingeschlafen bist." Jetzt will das Kind wahrscheinlich beides: Die Sicherheit – Mutter oder Vater sollen daneben liegen – und seine Freiheit: Es möchte sich nicht eingeengt fühlen, sondern sich beim Einschlafen auf gewohnte Weise frei bewegen.

JETZT IST DIE GELEGENHEIT DA ZUR TIEF ERLEBTEN UMSTELLUNG einer „Lebensweiche". Es ist der Beginn der körperlich gestützten Umlenkung des „Lebenszuges" im großen Bogen. Die Eltern sagen in einer starken Dreieinigkeit von Körper, Gefühl und Geist: „So nicht! Wenn du meinen Schutz willst, hast du dich unterzuordnen. Wenn du frei sein willst, musst du auch den Mut dafür haben. Entscheide dich!" (Vgl. Jirina Prekop 1996)

REICHT DAS GUTE VORBILD?
Wir nehmen uns nur an dem ein Vorbild, zu dem wir aufsehen

Könnten wir uns nicht alles Nachdenken über Erziehung sparen, wenn wir unsere Kraft darauf konzentrieren würden, uns als Erwachsene so zu verhalten, wie wir das von den Kindern erwarten?

Das gute Vorbild ist eine entscheidende Voraussetzung guter Erziehung, aber es allein reicht nicht.

WIR EIFERN NUR DEM NACH, der erfolgreicher und stärker ist als wir selbst. Menschen sind so konstruiert, alles andere wäre psycho-un-logisch, weil es sozusagen nach „unten", in die Lebensniederlage führen würde. Es gibt sensible Menschen, die sind aus echter Liebe und Fürsorge z.B. Lehrer geworden, und sie sagen ihren Schülern dann: Ihr könnt mit jedem Problem zu mir kommen; ich habe immer Verständnis. Wenn sich diese Lehrer nicht zugleich durchsetzen können, kommen die Schüler nicht, weil sie sich nicht von einem helfen lassen wollen, der schwächer ist als sie selbst. Solche Lehrer, obwohl es eigentlich die besten gewesen wären, scheitern in der Regel gerade an ihrem Gut-Sein, an ihrer Scheu, Macht auszuüben. Das ist vielleicht grausam, aber es gehört zur Natur von „Herdentieren", wie wir Menschen es nun einmal sind.

DAS GEGENTEIL VON MACHTMISSBRAUCH ist nicht der Verzicht auf die Macht, sondern ihr kultivierter Gebrauch in und mit Liebe. Eltern könnten es ein wenig leichter haben. Sie sind von vornherein verbundener mit ihren Kindern und so kommt es in der Intimität des Miteinander-Vertrautseins doch einmal eher zum „Machtgebrauch". Aber meistens haben sie deswegen ein schlechtes Gewissen, anstatt zu lernen, ihre Elternmacht kultiviert und mit Liebe zu gebrauchen. Ohne jeden Zwang Kinder erziehen zu wollen, geht sowieso und beim besten Willen nicht und schlimm ist, wie viele Eltern heute deswegen verunsichert sind und sich dadurch in einen Zick-Zack-Kurs entmutigter Erziehung treiben lassen. Eltern brauchen den Mut, in Situationen von Übererregtheit, gereizter und gelangweilter Unlust und Unentschlossenheit Liebe mit Macht zu verbinden, um so einen toten Punkt zu überwinden oder einen gordischen Knoten zu durchhauen.

JE KLEINER DIE KINDER SIND, DESTO WENIGER REICHT REDEN ALLEIN. Ein bestimmtes Handeln muss praktisch durchgesetzt werden: Nach dem klaren Machtwort „Du bleibst sitzen!" an das kleine Kind in der überfüllten Kaufhalle, wird es hochgenommen und festgehalten, wenn es quengelt, schreit und strampelt. Das Kind kann dagegen kämpfen, denn es hat Gefühle, ist wütend und frustriert, und es soll ja auch kämpfen lernen. Aber gerade in dieser Situation braucht es die Verlässlichkeit seiner Eltern. Seine Wut muss einen festen Grund finden: Je wilder es strampelt, desto entschlossener wird es festgehalten. Und es wird zugleich in seinen Gefühlen begleitet und angenommen: Ich weiß, du bist so wütend, du möchtest so gern herumlaufen. Aber das geht jetzt trotzdem nicht. Allerdings sollen Sie nicht „aus Prinzip" so entscheiden, sondern Ihr Kind auch laufen lassen, wenn die Zeit dafür da ist und es sich und andere nicht gefährdet oder in unzumutbarer Weise stört. Warum auch nicht? Dann ist die Strenge an den anderen Stellen, wo sie unverzichtbar ist, für das Kind auch viel leichter zu verkraften. Es geht wie immer um den richtigen Rhythmus: So streng wie nötig, so offen und locker wie möglich.

KINDER MÜSSEN VERLIEREN LERNEN DÜRFEN. Dafür müssen die Eltern stark sein, in der Tat. Und so mancher „Kinderschützer" wird empört diesen

Kampf beobachten und dem Kind die Möglichkeit nehmen wollen, das Verlieren zu lernen und das Vertrauen auf die Verlässlichkeit seiner Eltern. Immer wieder erlebe ich die Verzagtheit von Eltern und Großeltern in solchen Situationen. Sie beschädigen damit ein Lebensfundament ihrer (Enkel-)Kinder, tragischerweise aus Liebe.

DIE „STANDESGESELLSCHAFT" IST ERZIEHERISCH HILFREICH, wenn Liebe ihre tragende Grundlage ist. Lehrern in den westlichen Gesellschaften fehlt heute oft die Sicherheit in Bezug auf ihren „sozialen Stand". Sie sind als Gleiche unter Gleichen gänzlich ausgeliefert dem freien Spiel der Kräfte. Sie sollen allein mit persönlicher Ausstrahlungskraft und besonderen didaktischen Attraktionen gewinnen, mit ewiger pädagogischer Verliebtheit (vgl. Horst Hensel 2003, S. 35ff.). Die leidenschaftliche Liebe des Anfangs hält sich ja nicht einmal in der Ehe. Lehrern soll dieses Kunststück gelingen: Der pädagogische Zeitgeist sagt ihnen: Du musst dir die Disziplin der Kinder verdienen und erkämpfen und das jeden Tag neu.

DAS IST FÜR MICH UNERTRÄGLICH, unter diesem Druck könnte ich nicht als Lehrer arbeiten, denn ich bin sensibel, ein irritierbarer und verunsicherbarer Mensch. Ich brauche eine ähnliche „Grundsicherheit", wie ich sie sensiblen und schüchternen Schülern zubilligen möchte. Will die Gesellschaft, in beschränkter Kurzsichtigkeit, ihren Lehrern diesen Rückhalt nicht geben, müssen sie ausbrennen zum Schaden der (Schul-)Kinder, für die es so wichtig gewesen wäre, eine Beziehung mit starken und verlässlichen Erwachsenen herstellen zu können, die willens und in der Lage sind, ihre Lernprozesse verantwortlich zu führen. So gesehen ist es ein absoluter Scheinsieg für die Kinder und Jugendlichen, „gleichberechtigte" Partner ihrer Lehrer zu sein.

ICH WILL DIE ZEIT NICHT ZURÜCKDREHEN. Heute kommen die Offenheit und die Fähigkeit dazu, die eigenen Gefühle, auch die der Angst und des Versagens, auszudrücken, nonverbal und verbal. Das ist eine doppelte Supermischung: Denn zur Vielschichtigkeit der Gefühlsausdrucksfähigkeit (viel mehr beschreiben als zu werten: die „Urteilsfalle" schnappt früh genug zu) kommt noch die große Vorbildwirkung, wenn gerade der, der führt und erzieht, seine Angst nicht nur zugeben kann, sondern sie in einer vertrauten und gesicherten Situation auch ehrlich zeigt und so genau, wie es ihm möglich ist, beschreibt.

LIEBE HEISST NICHT, AUF STRAFE ZU VERZICHTEN
Die Stimme des Gewissens

Herr M. aus Meißen ist unzufrieden: „Ich muss mich ein wenig wundern, einerseits verstehe ich ja Ihre Betonung, dass alle in der Familie aus dem Stehlen des Sohnes lernen und ihr Verhalten zueinander überdenken sollen, andererseits stört mich, dass der Diebstahl nur als psychologische Herausforderung gesehen wird. Gerade von Ihnen hätte ich erwartet, dass auch von Wiedergutmachung, ja sogar von Strafe die Rede ist."

Sie haben vollkommen Recht. Das Dilemma besteht darin, dass wir Gedanken zwar nebeneinander haben, aber nur nacheinander aufschreiben können.

ICH KANN SOGAR MÖRDER „VERSTEHEN". Ich kann gedanklich deren Motive nachvollziehen, bei dem einen mehr, bei dem anderen weniger. Das heißt aber keinesfalls, dass ich ihnen verzeihe oder auf eine Milderung der Strafe plädieren würde. Ich bin überzeugt, dass wir Menschen bei aller Versuchung zum bösen Tun immer eine innere – vielleicht leise, aber doch deutlich hörbare – Stimme in uns haben, die uns sagt: Tu's nicht! Wenn nun ständig wie bei uns heute die Möglichkeit im Raum steht, dass ein Verbrecher für sein Handeln „gar nichts konnte", dann müssen wir uns nicht wundern, dass Menschen, die zu kriminellen Taten neigen, immer weniger bereit sind, auf diese Stimme ihres Gewissens zu hören.

WOZU AUCH? Sie müssen dann nur schlimm genug sein, um sich, nachdem sie sich nach Lust und Laune ausgetobt haben, einen gemütlichen Platz unter geregelten Verhältnissen in der Sicherungsverwahrung zu „verdienen". Das Verrückte in unserer Jetzt-Gesellschaft ist, dass ein Täter verhältnismäßig umso besser dran ist, je weiter er sein Opfer aus dem Leben katapultiert. Ein Toter ist absolut „draußen", der Täter lebt aber in der Gegenwart weiter und kann zusätzlich noch von all den differenzierten moralischen Bedenken profitieren, von denen ich den Opfern wenigstens ein kleines bisschen gegönnt hätte, als sie um ihr Leben rangen oder flehten.

DAS MAG „POPULISTISCH" SEIN, aber ein richtiger Gedanke kann auch nichts dafür, dass ihm höchstwahrscheinlich selbst meine Oma zugestimmt hätte, wenn sie noch leben würde. Und sie hat weder Pädagogik noch Psychologie studiert. Bloß weil eine Mehrheit der „einfachen Menschen" etwas für richtig hält, muss es ja nicht gleich falsch sein. Ein solches Denken entstammt den „Stammtischen" der höheren Kreise, es ist ähnlich pauschal wie das der „gemeinen Stammtische".

BEVOR ES IMMER SCHWERER WIRD
Lebens-Irrwege fordern oft einen hohen Preis

In jedem Fall ist es gut, die relativ geregelte und sichere Zeit der „goldenen Kindheit" zu nutzen, um das soziale Verhalten, das dann noch nicht verfestigt ist, zu trainieren, besonders in den Teilen, die „gegen den Strich" der eigenen Lust gehen.

Warten, nicht An-, sondern Abgeben, Verlieren können, etwas zu Ende schaffen, was nötig ist, auch wenn es keinen Spaß mehr macht. (Das Gegenteil können Menschen von alleine.) Nie wieder werden aus solchen elementaren sozialen Fähigkeiten so leicht Gewohnheiten wie vor der Pubertät, bei den Mädchen bis etwa 12, bei den Jungen bis circa 14 Jahren. Das ist wie mit dem Fahrrad fahren, Schwimmen oder Schlittschuhlaufen. Wie furchtbar schwer fällt es später einem Jugendlichen zu fragen: „Darf ich?" Bestenfalls wird er sagen: „Kann ich?" Glückliche, weil geliebte Kinder, die sich auch ausprobieren dürfen, sehen noch gar kein Problem darin, ihre Eltern ganz offen und arglos um Erlaubnis zu fragen.

ELTERN SIND „DUMM", DIE DAS NICHT NUTZEN, SO LANGE ES NOCH MÖGLICH IST.
Wer von vornherein auf den Gehorsam seines Kindes verzichtet, macht sich und ihm das Leben unnötig schwer. Schon dieses Wort lässt ja heutzutage die Haare zu Berge stehen. Zu großzügig, zu früh großzügig zu sein, ist verlockend und verführerisch. Wer möchte nicht das Glück in den Augen seiner Kinder sehen? Aber es ist ähnlich kurzsichtig, wie die Weihnachtsgeschenke schon zum Ersten Advent herauszurücken. Das böse Erwachen kommt dann Heiligabend. Wer sein Kind langfristig glücklich machen will, muss die ruhige Kraft haben, es kurzfristig unglücklich zu machen. Sonst wird er in der Pubertät ernten, hochverzinst, was er davor bei der Erziehung seiner Kinder gesät hat bzw. versäumt hat, zu säen.

UMGANGSFORMEN: HALT ODER FESSEL?
Die Liebe braucht ein Gerüst, je impulsiver Menschen sind, desto mehr

Frau M. aus Riesa fragt: „Müssen wir mit der Entwicklung der Kinder nicht die Umgangsformen ‚sprengen' und erweitern, die ihr gewachsenes Selbstbewusstsein einengen?"

Ja, das müssen wir. Die große Frage ist: Wann können wir bei der Erziehung auf welche Umgangsformen verzichten? Ich erinnere mich daran, wie ich Ende der sechziger Jahre in die 9. Klasse der EOS, der Erweiterten Oberschule, dem Gymnasium der DDR, kam und mich über zweierlei Dinge wunderte: Zum einen gab es Mitschüler, die immer aufsprangen, wenn sie vom Lehrer angesprochen wurden. An meiner Schule war das in der 8. Klasse nicht mehr üblich gewesen. Mir fiel als Zweites die jovial-großzügig-„wegwerfende" Haltung der Lehrer auf:

NUN LASS' DAS MAL, WIR SIND HIER WEITER, bei uns musst du das nicht mehr machen. Und alle fühlten sich wohl: Die Lehrer, weil sie so fortschrittlich und modern sein konnten, und die Schüler nach anfänglicher Verunsicherung, weil sie offenbar doch schon erwachsener waren, als sie es selbst gedacht hatten. Beim Auflösen einer Ordnung wird also Energie frei, die wir sozusagen für unser Selbstwertgefühl „konsumieren" wie ein kleines Kind, das absichtlich einen hohen Spielzeugturm mit lautem Krachen einstürzt. Vielleicht merkt es dann aber doch mit Bedauern, dass dieser Genuss zu kurz war für die lange Aufbauarbeit. Meine Schulerinnerung ähnelt dem: Nach ein paar Wochen, als nun alle Schüler locker und selbstbewusst genug waren, sich in der Bank weiter zu fläzen, auch wenn sie vom Lehrer angesprochen wurden – von wegen in DDR-Schulen hätte immer zackige Disziplin geherrscht –, waren die guten, dankbaren Gefühle auf beiden Seiten verflogen, und ich fragte mich (schon) damals, ob diese Großzügigkeit nicht ein wenig verfrüht war. Heute bin ich mir sicher:

ES IST GUT, EINEN „BALLAST" AN UMGANGSFORMEN ZU HABEN, der abgeworfen werden kann, wenn die Pubertätsschwierigkeiten zunehmen. Dadurch können wir wieder an Lebenshöhe gewinnen, wenn's drauf ankommt. Aber auch mitten in der Pubertät sollen wir dies nicht voreilig tun. Denn sie ist eine besonders wilde Zeit, die insofern erst recht Umgangsformen als Stützen bedarf, und was wir hier einmal aufgegeben haben, können wir nur ganz schwer rückgängig machen. (Es ist mehr als eine Löschung auf der Festplatte; ich fürchte, es ist eher eine Deinstallation.) Deswegen finde ich: Lehrer, Eltern und Schüler sollten die Vor- und Nachteile sogar so veralteter Umgangsformen wie das Aufstehen im Unterricht miteinander ehrlich diskutieren und dann für ihre Schule einen entsprechenden Beschluss fassen.

FREIER WETTBEWERB TUT ERZIEHUNG UND BILDUNG IN DER SCHULE GUT. Die Eltern könnten dann entscheiden, auf welche Schule sie ihr Kinder schicken wollen.* Klar ist, dass Umgangsformen altersbezogen sein müssen, weil Kinder und jüngere Jugendliche mehr das körperliche Fundament geistiger und moralischer Handlungen brauchen als ältere. Wenn Schüler zum Beispiel aufstehen, wissen sie: Jetzt bin ich dran, jetzt muss ich mich konzentrieren, der Anforderung stellen, auch im direkten Sinne des Wortes. Auf diese Weise wird, ohne ein Wort über Moral zu reden, dieselbe schon praktiziert, nämlich der Respekt vor einem Lehrenden und den Mitschülern.

UND SIE SOLLEN JA NICHT HEKTISCH, mit den Händen an der Hosennaht aufspringen, sondern sich gelassen und würdevoll, vielleicht sogar ein wenig stolz erheben: Jetzt stehe ich im Mittelpunkt, jetzt ruht die Aufmerksamkeit aller auf mir. Das ist wohl überhaupt die große Lebenskunst: Etwas, was wir auch negativ sehen könnten – ich muss dem Lehrer Respekt erweisen, aufstehen, nur weil er es (indirekt) verlangt, indem er mich aufruft –, positiv umzudeuten. Wer das kann, hat's viel einfacher im Leben. Er könnte zum Beispiel auch Kellner werden und mit Freude und Selbstbewusstsein seinen Gästen gegenüber einen perfekten „Dienst leisten". Das gelingt in einer Gesellschaft, in der alle immer nur Angst haben, zu kurz zu kommen und zu viel Vorleistung für den Mitmenschen zu erbringen, nur ganz schlecht. Deswegen ist es so wichtig, dass wir rechtzeitig mit dem Training dieser Kultur in der Familie und Schule beginnen und nicht zu früh damit aufhören.

* Ich würde im Sinne eines solchen Wettbewerbes die Wohnortbindung der öffentlichen Schulen aufheben.

SICH AUF'S ALTER FREUEN
Die wundervolle Geste der alten Schule

„Ich stimme Ihnen zu, dass Umgangsformen eine große praktische Bedeutung bei der Erziehung haben. Aber welche meinen Sie konkret außer dem Aufstehen im Unterricht?", will Frau Z. wissen.

Zum Beispiel das Grüßen. Jemand, der sich zu anderen Menschen dazugesellt, hat diese deutlich und zugewandt zu grüßen. Das ergibt sich aus konkreten Situationen und aus einer grundsätzlichen Lebenssituation: Die Nachgeborenen sind später auf die Welt gekommen. Die Alten haben da bereits dafür gearbeitet, dass auch die Jungen auf ihr leben können.

DESWEGEN HABEN GRUNDSÄTZLICH JÜNGERE ÄLTERE ZUERST ZU GRÜSSEN. Dieses „Gesetz" gehört zur elementaren Logik der Lebensordnung (vgl. Bert Hellinger). Das gilt erst recht dann, wenn die „Alten", um die es in einem konkreten Fall geht, zum Beziehungsnetz der Familie gehören oder für die Jungen in anderer Weise – zum Beispiel als Lehrer – verantwortlich sind. Die „No future"-Jammerei, eine „Weltlästerung" gegenüber anderen Zeiten und anderen Ländern in der heutigen Zeit, entsteht auch, weil „fortschrittliche" Erwachsene Kindern alle Rechte immer früher geben wollen: Sollen doch die Alten zuerst grüßen, wenn es ihnen so wichtig ist. Was bleibt? Worauf soll sich ein Mensch freuen, dessen Leben nur wenig erfolgreich war, familiär und beruflich. Früher war ihm wenigstens die Achtung der Jungen im Alter sicher. Heute heißt es: Alles schon konsumiert, alles schon gehabt ... „No future!". Das sollten wir auch bedenken, wenn jemand meint, die Jugend könnte mit alten Umgangsformen überlastet werden: Es geht dabei auch um sie selbst.

ICH HATTE EINEN KOLLEGEN, ÄLTER UND ERFAHRENER ALS ICH. Wenn er einen Hut aufhatte, nahm er ihn deutlich, gelassen und würdevoll beim Grüßen ab. Dieser Mann hatte nicht etwa Angst vor mir oder vor anderen, er machte es nicht, weil er sich ducken oder schmeicheln wollte, nein, es war einfach eine wundervolle Geste der „alten Schule", graziös und elegant, die er zuweilen schelmisch ein wenig übertrieb. Darauf müssten die kommenden Generationen verzichten, wenn sich das Missverständnis hält, dass das Achten auf Umgangsformen der Höflichkeit und des Respekts vor anderen, unabhängig von einzelnen Momenten der Lust oder Unlust dazu, nur das Ergebnis einer autoritären Erziehung sein könne.

DIE WEISHEIT DER VERGANGENEN JAHRHUNDERTE IST STÄRKER als eine einzelne studentische Kulturrevolution. Das Verbeugen bzw. Kopfsenken beim Grüßen oder bei Schuldbewusstsein ist ein Rudiment ritueller Handlungen der Unterwerfung bei Herdentieren. Deswegen bin ich zuversichtlich, dass die letzten vierzig Jahre nicht etwas überdecken und außer Kraft setzen können, was Tausende Jahre alt ist. Mir geht es auch nicht um „Unterwerfung" – obwohl natürlich auch die Unterordnung zum Sozialen gehört –, sondern um ihre symbolhafte, vielleicht leicht verspielte Andeutung als Ausdruck der Achtung des anderen.

EIN GUTER CHARAKTER ENTSTEHT DURCH HANDELN
Nur wer gehorchen kann, darf befehlen

Um welche konkreten Umgangsformen außer dem Grüßen geht es noch? Wie können sie helfen, ein sicheres Gerüst für den Familienalltag zu schaffen, gerade dann, wenn vieles schief geht und die Stimmung mies ist?

Ich habe schon auf Mahlzeiten als Eckpfeiler des (Familien-)Lebens hingewiesen. Das gemeinsame Essen ist eine gute Gelegenheit zum Einüben der Umgangsformen:

GEGESSEN WIRD ERST, WENN ALLE AM TISCH SITZEN. Und einer guten Appetit gewünscht hat. Geredet werden darf natürlich beim Essen, wann sonst soll eine Familie sich austauschen, aber nicht mit vollem Mund und nicht durcheinander. Das Gefühl „Wir sind alle wichtig und interessant füreinander" muss in der Art der Gespräche seinen Ausdruck finden: Wenn einer redet, hören die anderen ihm zu. Vor allem lassen wir den anderen ausreden. (Ausnahmen bestätigen wie immer die Regel.) Nur wer selbst gut zuhören kann und bereit ist, sich richtig darum zu bemühen, wird ernst genommen, wenn er dann selbst redet. Das ist wie: Nur wer gehorchen kann, darf befehlen, weil Zuhören in der Tat eine Form der Unterordnung ist, des Folgens der Gedankengänge eines anderen. Keiner darf aber die Geduld der anderen überstrapazieren.

ETWAS VERSCHÄMTHEIT IST GANZ GUT. Fehlt mir diese, esse ich beim Geburtstag gleich vier Stück von meiner Lieblingstorte, oder ich missbrauche die Zuhörbereitschaft der anderen, indem ich endlos rede. Jeder soll aber einmal dran sein, das gilt für alle am Familientisch. Aufgestanden wird erst, wenn die Eltern das Mahl für beendet erklären. Wie sollen Kinder sonst lernen, etwas Anstrengendes und Langweiliges, zum Beispiel Schulaufgaben, mit ruhiger Geduld zu Ende zu erledigen, wenn sie das nicht schon beim Angenehmen mit ihren Eltern üben?

VIEL WICHTIGER ALS ÜBER MORAL ZU REDEN, ist ihre praktische Anwendung im Alltag. Besonders wichtig sind dafür die immer wiederkehrenden Kleinigkeiten des gewöhnlichen Lebens. Es gilt ganz nach Erich Kästner: Es gibt nichts Gutes, außer man tut es. Erst auf dieser Grundlage praktischer Erfahrungen macht es Sinn, über Moral zu diskutieren, so wie über Erbsen nur die Prinzessinnen und Prinzen gut reden können, die mit ihnen im Alltag vertraut sind.

HÄUSLICHE PFLICHTEN
Zwischen Oasen liegen immer Durststrecken

Frau E. berichtet von Unstimmigkeiten mit ihrem Mann: „Unsere Tochter ist oberflächlich und unmotiviert in der Schule. Wenn sie der Unterricht interessiert, erreicht sie durchaus gute Leistungen. Leider passiert das in diesem Schuljahr (6. Klasse) immer seltener. Mein Mann meint, wir sollten ihre Haushaltspflichten nicht mindern, sondern im Gegenteil konsequenter auf ihre Erledigung achten. Ich denke aber, wir sollten sie in dieser Beziehung entlasten, damit sie mehr Kraft und Zeit für die Schule hat."

Es scheint paradox zu sein, aber Ihr Mann hat Recht. Ihre Tochter ist oberflächlich und unmotiviert, wenn sie etwas machen soll, was ihr nicht auf Anhieb gefällt.

ES GIBT WIRKLICH SPANNENDERE UND PRICKELNDERE TÄTIGKEITEN als Staub zu saugen oder die Treppe zu wischen. Es ist ihre Art, ihren Protest auszudrücken. Nicht selten wird es dann für pädagogisch gehalten, einem Kind interessantere Aufgaben zu geben. Wahrscheinlich erliegen auch Sie dieser Versuchung, um Ihren Familienfrieden zu sichern und aus der ewigen Streiterei und Mäkelei herauszukommen. In der Tat sind Freundlichkeit, Optimismus und Humor ganz wichtig. Aber dafür sollten Erziehende auf keinen Fall die Konsequenz in der Sache opfern. Das große Lebenskunststück ist, einen Spagat zwischen „richtig positiv liebevoll" und „richtig konsequent" fertig zu bringen, wobei sich beides durchdringt und sozusagen färbt.

SIE DENKT IM ERNST, MAN BRAUCHT IM LEBEN NUR DAS (ZU ENDE) ZU MACHEN, wozu man (noch) Lust hat. Wenn eine solche Lebenshaltung, mit der auch viele Erwachsene immer wieder zu kämpfen haben, den Charakter grundsätzlich dominiert, verringern wir dramatisch unsere Chancen, im Leben Erfolg zu haben. Denn immer sind Durststrecken zu überwinden, um zu „Oasen" zu kommen, wo das Lernen und Arbeiten dann wieder Spaß machen und sich sozusagen selbst tragen – bis zur nächsten Durststrecke. Gute Eltern werden ihr Kind niemals unvorbereitet und untrainiert an den Start solcher Strecken schicken, ihnen vielleicht sogar noch suggerieren, dass diese gar nicht stressig sind und immer nur Freude bereiten werden.

GEBEN DIE KINDER DANN AUF, IST MEIST DAS UNZUMUTBARE LEBEN SCHULD. Es ist nicht kindgerecht genug. Nein, viel eher ist es so, dass das Kind nicht Schritt für Schritt lernen durfte, Phasen der Unlust mit Ausdauer und Pflichtbewusstsein zu überwinden. Hausarbeiten sind eine wunderbare, praktische und natürliche Gelegenheit, das zu lernen. Für das Kind wird nicht extra pädagogisch etwas Künstliches inszeniert, sondern es kann in der Wirklichkeit spüren: Wenn ich meine Aufgaben gründlich erledige, entlaste ich meine Eltern. Das kommt allen praktisch zugute, auch mir, weil die Stimmung insgesamt besser ist und meine Eltern dann mehr Zeit für mich haben. Meine Eltern trauen mir etwas zu, auch dass ich lernen kann, mir meine Zeit einzuteilen, sowohl für die Schularbeiten als auch für die Hausarbeiten.

AUSNAHMEN BESTÄTIGEN WIE IMMER DIE REGEL. Wenn zum Beispiel eine wichtige Klassenarbeit ansteht, sind sie möglich und bestärken weiter das gegenseitige Vertrauen. Belohnen Sie die Ausdauer der Tochter mit schönen gemeinsamen Erlebnissen, anstatt sie lernen zu lassen, dass Oberflächlichkeit und Halbheit, Verweigerung und Ausweichen zu mehr „Spaß" verhelfen.

IST ES KEIN VORRECHT DER JUGEND, SPASS ZU HABEN?
Holt die Härte des Lebens die Kinder nicht früh genug ein?

„Sie setzen sich sehr für Pflichten und Arbeit bei der Erziehung ein. Für mich passen ‚Kind', ‚Geld' und ‚Arbeit' nicht zusammen. Ist es nicht so, dass der Stress des Erwachsenen- und Berufslebens die Kinder früh genug einholt?", gibt Frau S. aus Großenhain zu bedenken.

Es stimmt, zur Kindheit gehört nicht primär das Arbeiten, sondern das Spielen und Lernen. Auch bei der Jugend ist das so, wobei jetzt das Lernen an die erste Stelle rückt. Aber sogar zum Spielen gehört Disziplin. Das weiß jeder Fußballtrainer. Auch ein Kind kann nicht mitten im Spiel sagen: Ich habe keine Lust mehr, ich höre jetzt auf. „Du musst noch ein Stück durchhalten!", wird der Trainer rufen. Dahinter steckt, ob bewusst oder nicht, eine Lebensphilosophie:

LEBEN IST RHYTHMUS: ANSPANNUNG UND ENTSPANNUNG. Beide Seiten – das gilt zum Beispiel auch für das Einatmen und Ausatmen, Wachen und Schlafen – haben ihre Zeit, und Lebenskunst ist, jedes für diesen kurzen, überschaubaren Zeitraum dann richtig zu tun. Sicher gibt es Übergangsphasen, wo jemand döst, weder richtig wach ist, noch schläft. Ein Spiel jedenfalls macht nur Spaß mit richtigem Einsatz, mit disziplinierter Beachtung seiner Regeln und ihrer konsequenten Durchsetzung.

SO „TRAINIERTE" JUNGE MENSCHEN WACHSEN ÜBER SICH HINAUS. Sie können aus ihrem „Fundus" an Disziplin schöpfen, wenn das in familiären oder gesellschaftlichen Krisen- und Notsituationen nötig wird. Für die anderen können wir nur hoffen, dass es immer bei guten Zeiten bleibt. Die, die lernen durften, ein überschaubares Stück sportlichen Spiels oder häuslicher Pflicht richtig und bis zu Ende erledigen „müssen zu dürfen", sind gewappnet fürs Leben. Aber ihre Leistung muss praktisch wirklich nötig und nützlich sein, denn Kinder wollen nicht erzogen oder therapiert werden, sondern in der Wirklichkeit „groß" und wichtig sein. Sie wollen erleben, dass sie die im „richtigen Leben" zwangsläufig auftretenden Probleme gemeinsam mit ihren Eltern lösen können. Diese müssen geduldig immer wieder vormachen und zeigen, wie es geht, und die Kinder doch das selbst machen lassen, was sie schon können.

SCHUTZ VOR DEM FROST DER BOSHEIT
Sei freundlich zu unfreundlichen Menschen – sie brauchen es am meisten

....

Herr U. ist skeptisch: „Können Kinder und Jugendliche in einer Welt, in der viele, wenn nicht die meisten Erwachsenen, selbst sehr egoistisch sind, wirklich zu Höflichkeit erzogen werden?"

Natürlich müssen wir Erwachsenen dabei Vorbild sein. Aber bitte, bedenken Sie folgendes:

ES GIBT SCHON GENUG „KAPUTTE" IN DIESER WELT. Mehr als genug. Menschen, die weder Liebe noch Erziehung bekamen, als sie noch jung waren und so offen für beides. Oder sie bekamen nur Liebe – ohne Erziehung oder nur Erziehung – ohne Liebe. Beides ist schlimm. Sie sind nun in dieser Welt und machen entsprechend des dummen Spruchs „Mach' kaputt, was dich kaputt macht", die Welt noch „kaputter", als sie es sowieso schon ist, von Natur aus. Das ist eine „osmotische" Angleichung nach unten, nach hinten, hin zum Bösen. Der unerzogene Egoismus des Einzelnen zieht diese Welt noch weiter herunter. Sie hätte gute „Seelen" so nötig. Die meisten Menschen brauchen zum Gutsein eine konsequente Erziehung, dann ist ein Ausgleich nach oben, nach vorn, hin zum Lieben möglich. Aber das Liebe, das Schöne ist verletzlich. Es braucht unbedingt Schutz vor dem Frost der Bosheit. Dieser Schutz sind die alltäglichen Umgangsformen, die sozusagen von allein, aus sich heraus funktionieren so wie ein Autopilot auch dann, wenn der Pilot selbst gar nicht gut drauf ist.

ERZIEHUNG IST VIEL EINFACHER ALS UMERZIEHUNG. Diese Umgangsformen bilden sich am leichtesten durch eine originale Ersterziehung. Müssen erst falsche Gewohnheiten „gelöscht" werden, entstehen fast immer störende Überlappungen zwischen ihren Resten, die tief verwurzelt in der biologischen, triebhaften Natur des Menschen sind, und dem neuen Guten. Es ist schon schwer genug, die Natur zu kultivieren; viel schwerer wird die Aufgabe der Erziehung, wenn sie auch noch gegen eine falsche Kultur ankämpfen muss. Deshalb brauchen wir unbedingt gute Gewohnheiten von Anfang an, die uns leiten und die Egoismustäler (Ich will gewinnen. Ich will Erster sein. Ich bin dran. Ich ... Ich ...) unserer niederen Triebe überbrücken können. Die „Liebe selbst" ist etwas Besonderes, sie kann es nicht in jedem Moment richten. Sie ist zu edel, zu wertvoll für jeden Platz der – fast unendlich – weiten Ebene des Lebens.

DIE SCHLIMMEN LEIDEN DER LEBENSBRÜCHE den Kindern ersparen durch die sanften Leiden der Konsequenz in Liebe. Ist eine „Ersterziehung" in diesem Sinne versäumt worden, muss später durch das „Schicksal" oder andere Erzieher erst schmerzhaft gebrochen werden, was jahrelang falsch gewachsen war. Erst dann kann die Seele neu gerichtet und auf gute Weise wieder wachsen. Das geht noch bei Jugendlichen, aber kaum bei Erwachsenen. Wir können nicht warten, bis es gelungen ist, alle Erwachsenen zu höflichen und freundlichen Menschen umzuerziehen. Dass es Stößel gibt, die den freundlichen Gruß der Kinder nicht erwidern, darf kein Grund sein, die Jungen nun auch noch in die Niederungen sozialer Primitivität zu drücken. Weitere Generationen verbiesterter Erwachsener wären die Folge: Ein Kreislauf sozialer Dummheit und Beschränktheit ohne Ende. Natürlich können und sollen auch Erwachsene ihr Benehmen entwickeln. Ich denke, gut erzogene Kinder sind das Vorbild, das sie dabei noch am meisten beeindruckt.

HÖFLICHKEIT UND FREIES DENKEN SCHLIESSEN SICH NICHT AUS. Früher gab es Höflichkeit ohne freien Geist. Dann – ab Ende der sechziger Jahre – freien Geist ohne Höflichkeit, mit ein wenig Verzögerung und abgesehen von politischen Tabus in der Öffentlichkeit auch in der DDR. Heute brauchen wir einen freien Geist mit Höflichkeit. Das gelang einzelnen Familien und Schulen schon immer, jetzt muss es weiter in die Breite des gesellschaftlichen Lebens wachsen, ehe gutes Benehmen ganz in Vergessenheit gerät. Ich halte Höflichkeit – gute Umgangsformen gegenseitiger Achtung und gegenseitigen Respekts – sogar für das Kernstück eines guten Charakters. Alle anderen Fehler sind verzeihlich, finde ich, aber nicht der Hochmut gegenüber anderen Menschen, nicht das „freie" Absehen von den Bedürfnissen der Mitmenschen beim eigenen Handeln.

5. LIEBE IN DIE ORDNUNG BRINGEN
Liebe ist nicht alles, aber alles ist Nichts ohne sie

AN EINEM SEMINAR, das ich als Verkehrspsychologe für junge Fahranfänger hielt, nahm auch ein 19-Jähriger teil. Er berichtete unter dem Schutz der ausdrücklich vereinbarten Schweigepflicht – die ich jetzt ja auch nicht breche, da ich nichts mitteile, was ihn persönlich erkennbar machen könnte –, dass er zu einer Gruppe „Hooligans" gehöre, die sich bei jeder Gelegenheit mit den „Hools" anderer Mannschaften prügele, und auch mit den „Bullen", die sowieso immer anfangen würden.* Erst beim Schlagen und Geschlagenwerden würde er sich als Mensch richtig spüren. Das sei wie ein Rausch, in dem er im Moment der Schlägerei sozusagen deckungsgleich mit sich selbst werden könne. Und dabei ist er ein sensibler, sympathischer Junge, nur nach außen hin ein Rabauke. (Er sprach selbst von seinen zwei Gesichtern.) Er konnte offen von seiner Angst reden, geliebte Menschen zu verlieren, vom Nebeneinanderherleben mit seinen Eltern, in dem Gespräche, die die Eltern-Sohn-Beziehung betreffen, vollkommen unmöglich geworden sind und bei jedem neuen Versuch schnell in gegenseitiger Anschreierei enden. Er war traurig. Ich hätte ihn am liebsten gedrückt und getröstet. Ich habe gespürt, dass er Liebe braucht und dass die Generation der Eltern den ersten Schritt dazu gehen muss. Andererseits erzählte er selbst, dass sein Vater zuvor versucht hatte, auf die kumpelhafte Tour mit ihm zurecht zu kommen. Er brauchte Liebe immer, die ganze Zeit, und Eindeutigkeit und ab und zu auch einmal Strenge rechtzeitig und nicht erst dann, als die Probleme überhand genommen hatten. Konsequente Konfrontation mit einem nicht zu billigen Verhalten ist gut und richtig, aber ohne Liebe wirkt dieses „Gift" nicht heilend, sondern macht noch kranker, was schon verletzt ist. So prügelt er die anderen Fans dafür – und die „Bullen" –, dass er der lieblosen Gewalt seines Vaters ausgesetzt war, und er steckt Prügel ein als wenigstens einer Form sicherer und hundertprozentiger – weil sehr deutlich spürbarer – Zuwendung.

---

* Ich habe versucht, den „Jungs" zu erklären: Die ganze Gesellschaft ähnelt immer mehr einer Schule, in der die Rabauken das Sagen haben und die Lehrer (Polizisten) ängstlich um Deeskalation bemüht sind. Aus dieser Ohnmacht entstehen Wut und Frustration. Sie explodieren bei den wenigen Gelegenheiten, wo die Polizei endlich einmal entschlossen durchgreifen soll und darf.

DAS LEBEN LIEBEN: OPTIMISMUS ALS GRUNDLAGE
Und wenn alles auf dem Küchenboden liegt

....

Heißt konsequent sein, lieblos zu sein?

Junge Menschen haben zuweilen Wünsche, von denen ich denke: Jetzt an dieser Stelle müssen die Eltern sehr konsequent bleiben, unerbittlich und streng. Aber gerade deswegen ist es mir ganz wichtig zu betonen: Lebensoptimismus ist die Grundlage von allem.

WER VERBIESTERT UND VERBITTERT IST, DER SCHAFFE SICH KEINE KINDER AN. Wer nicht an den guten Ausgang des Lebens glaubt, wer nicht noch einen Tag vor einem befürchteten Weltuntergang bereit ist, einen Apfelbaum zu pflanzen, hat das Recht auf Strenge bei der Erziehung junger Menschen verwirkt. Sie wäre entweder (selbst-)zerstörerisch oder launisch, halb und unberechenbar. Weil das so ist, müssen Eltern und andere Erziehende zuerst an ihrer seelischen Gesundheit arbeiten. Sie brauchen selbst Rückhalt, bevor sie Rückhalt geben können. Ist ihr Leben in Ordnung, sind sie mit sich im Reinen, kann es ihnen gelingen, auf eine aufbauende, helfende Weise konsequent zu sein.

ANDERERSEITS KÖNNEN ERZIEHENDE NUR GESUND BLEIBEN, wenn sie konsequent sein dürfen und sollen. Wer sich nicht gegen Provokationen der „Kids" wehren darf, wer jedes Problem in der persönlichen Beziehung klären soll, ohne ein Verhaltensminimum voraussetzen zu dürfen, muss ausbrennen. Die übliche Weicheierei in Deutschland im Umgang mit Kindern, die glauben, mehr und exklusivere Rechte zu haben als alle anderen, schlägt im kurzen Bumerangkreis auf die Kinder zurück, jetzt allerdings auf alle: Pädagogen, einschließlich der Elternlaien, denen der Mut genommen wurde, sich entschlossen und eindeutig durchzusetzen, können nicht glücklich, selbstbewusst und zufrieden sein: Sie verlieren Schritt für Schritt den für eine erfolgreiche Erziehung so dringenden Lebensoptimismus.

„WAS AUCH PASSIERT, WIR FINDEN EINE LÖSUNG!", „Wir schaffen das!", „Kämpfen lohnt sich!" Das ist das wichtigste Lebensgefühl, das Kinder unbedingt von ihren Eltern brauchen. Für den, der liebt, ist nicht das Ergebnis entscheidend, sondern das Motiv und die Anstrengungsbereitschaft. Und wenn alles auf dem Küchenboden liegt, Scherben und das Essen, entscheidend ist, dass das Kind sich angestrengt hat, dass es der ganzen Familie eine Freude machen wollte. Und umgedreht: Und wenn sein Zensurendurchschnitt gut ist, entscheidend ist, dass er seine große Begabung in einem bestimmten Fach nicht nutzt, sich nicht anstrengt, nicht das Besondere leistet, das er schaffen könnte. Aber auch hier ist Optimismus angebracht und Geduld, verbunden aber mit eindeutiger Zuversicht und der klaren Forderung: Du kannst das! Bessere dich, mache mehr aus deinen Fähigkeiten! Würde dies „schwarz" und verbiestert gefordert werden, kippte der elterliche Ansporn um in nervige Nörgelei, die zum Trotz und zu destruktiven Machtkämpfen herausfordert.

„STRENGE" WAR SCHON IN DER DDR VERPÖNT. Von wegen die Erziehung in der DDR-Zeit sollte von oben her autoritär sein. Die SED-Eliten hatten offenbar ein schlechtes Gewissen wegen ihrer „Diktatur des Proletariats" und der damit verbundenen Obrigkeitsstaatlichkeit. Was sich schon nicht in der Politik reformieren ließ, sollte nach meinem Gefühl wenigstens in der Pädagogik bei den Kindern so sanft und menschenfreundlich wie möglich sein, jedenfalls solange es sich nicht um „konterrevolutionäre Umtriebe" handelte. Natürlich gab es deswegen trotzdem in den Heimen und Schulen unmenschliche und brutale Erzieher und Lehrer. Aber das war von staatswegen genauso wenig gewollt wie es die damalige Elite Westdeutschlands in „ihren" Heimen und Schulen wollte.

KINDER ZU SCHLAGEN, war in der DDR der Sechziger und Siebziger Jahre bestimmt mehr verpönt als im Westen, es galt offiziell immer als ein Zeichen eklatanten pädagogischen und menschlichen Versagens, und die SED-Parteileitungen arbeiteten sich gern moralisch daran ab, um allen zu zeigen, was für gute Menschen sie wären. Ich hatte zum Beispiel versucht, Anfang der achtziger Jahre ein Büchlein zu Erziehungsfragen zu veröffentlichen. Es gelang mir nicht, vor allem deshalb nicht, weil ich für den Geschmack der Lektoren zu viel von Anton Semjonowitsch Makarenko vertrat. Dessen Motto: „Höchste Forderungen und höchste Achtung" hatten die DDR-Erziehungsprofessoren in „Optimale Forderungen und höchste Achtung" umgewandelt. Ein Lektor hatte neben dem Begriff „strenge Erziehung" in meinem Manuskript ein großes Fragezeichen gemalt und wollte ihn durch „konsequente Erziehung" ersetzt wissen.

NUR WER ANERKANNT IST, KANN SICH BESSERN
Ein geliebtes Kind kann Fehler und Rückschläge riskieren

....

Reicht es wirklich, das Leben zu lieben, um bei der Erziehung Erfolg zu haben? Ich glaube das nicht.

Sie haben Recht: Die Lebensliebe muss in die Liebe zum Kind münden.

NUR WER SICH GELIEBT WEISS, KANN SICH ÖFFNEN und nur wer sich öffnet, kann sich ändern. Er kann dieses Wagnis eingehen, weil er sowieso anerkannt und sicher ist. Für ihn ist Erziehung eine heilsame Anregung; für den Bedrängten, Miss- oder gar Verachteten ist sie eine Gefahr und Bedrohung, gegen die er sich wappnen und panzern muss. Wenn das Große und Ganze in Frage steht, die Liebe, die bedingungslose Zugehörigkeit zur Familie, ist kein offenes Handeln möglich, weil es dann um Alles geht, um die menschliche Grundlage des Lebens. Eine solche Akzeptanz der Person ohne Wenn und Aber ist allerdings nur möglich und durchzuhalten, wenn sie nicht automatisch für jedes einzelne Verhalten gilt. Bei Faulheit oder Unachtsamkeit zum Beispiel ist ein konkreter Zwang zur Wiedergutmachung oder Nacharbeit logisch.

WEIL SIE SICH DIE KONKRETE KONSEQUENZ NICHT TRAUEN, holen manche Eltern auf Dauer die ganz „großen Kanonen heraus". Das tun sie aus Verunsicherung und Verzweiflung, weil sie denken, dass Strafen prinzipiell als lieblos und veraltet gelten. Dann plötzlich, flatterhaft wie die Kinder selbst, ohne einmal bis zu Ende eine Konsequenz konkret durchgehalten zu haben, heißt es: „Wenn du dich nicht änderst, musst du ins Heim!", „Dann hau' doch ab in die WG!" Die individuelle Freiheit, verbunden mit persönlicher Lust, ist in dieser Gesellschaft der höchste Wert: Dadurch entstandene Konflikte werden kurzerhand durch das Kappen von Beziehungen gelöst. Das führt zur Auflösung der Familie. Ähnlich in der Schule: Weil einfache Strafen wie Nachsitzen, gegebenenfalls auch am Wochenende, verpönt sind, muss bald zur „großen Kanone" des Schulwechsels oder Sitzenbleibens gegriffen werden.

DAS FÜHRT ZU EINEM RISS DURCH DAS GANZE LEBEN. Betroffene wissen das. Sitzenbleiben, die „Scheidung" von der eigenen Klasse, kann ebenso verheerend sein, wie die Scheidung der eigenen Eltern. Lehrer müssten an Schüler allerdings glauben und sie mögen, wenn sie es für möglich halten sollen, sie – auch – durch konkrete Strafe, die sie nicht delegieren, sondern selbst durchsetzen, bessern zu können. Dafür müsste sich aber die öffentliche Meinung entschieden ändern: Der konkrete Zwang zum Tun, beispielsweise durch Nachsitzen, müsste als effektive Hilfe zum Lernen verstanden werden und nicht als Anlass für eine Rechtsschutzversicherung. Erziehung ist auch Erpressung. Das darf aber nur konkrete Handlungen oder Verhaltensweisen betreffen: Du darfst das erst, wenn du deine Aufgabe erledigt hast. Aber die Erpressung darf nie grundsätzlich die Liebe betreffen, die Eltern-Kind-Beziehung selbst.

DIE ELTERN SIND NICHT IMMER SCHULD
Gegen den „Strich" der Natur sind wir machtlos

....

„Mein dreijähriger Sohn ist furchtbar stur. Er kann sich einfach nicht damit abfinden, wenn etwas nicht nach seinem Kopf gehen soll."

Bitte prüfen Sie meine Vermutungen, die ich aus der Ferne anstelle. Wenn Sie das nicht weiterbringt, sollten Sie auf jeden Fall eine Familien- und Erziehungsberatungsstelle aufsuchen (Information über das Jugendamt oder die entsprechenden Rubriken in den Telefonbüchern).

ES GEHT IMMER UM DAS DREIERPACK VON LIEBE, orientierendem Halt und ermutigender Anregung. Kinder brauchen das alles jeweils „satt". Nun ist der kindliche „Hunger" von Natur aus aber ganz verschieden: Die einen brauchen mehr Halt, Ordnung und Struktur, die anderen mehr Anregung, Offenheit und Ermutigung. Schon rein äußerlich sind Menschen ganz unterschiedlich: allein die Haare und Augen. Auch im Blut sind sehr unterschiedliche Merkmale festzustellen. Das höchst entwickelte, am meisten ausdifferenzierte „Organ" an jedem Menschen ist das Zentrale Nervensystem. Es ist daher nicht verwunderlich, dass sich seine vererbten Eigenarten individuell noch viel mehr unterscheiden müssen als das Blut oder gar Schuhgrößen und Haarfarbe. Das ist jahrzehntelang zu kurz gekommen. Auch ich habe einmal geglaubt, man könnte bei einem „gesunden" Kind durch Erziehung fast alles erreichen.

JETZT HABE ICH MEHR DEMUT VOR DER NATUR. Wir können nicht „gegen den Strich" erziehen. Die Erziehung muss zu den vererbten und angeborenen Eigenarten des Kindes passen. Es gibt Kinder, die von Natur aus leicht erziehbar sind. Ihre Eltern haben einfach Glück. Sie können erfolgreich sein, obwohl sie schlechter, mit weniger Aufmerksamkeit und Einfühlung, ja vielleicht sogar mit weniger Interesse ihre Kinder erzogen haben als andere Eltern, die sich abmühen, viel Lebenskraft in die gute Entwicklung ihrer Kinder investieren und trotzdem scheitern. Das kann damit zu tun haben, dass deren Kinder von Natur aus viel sturer, eigenwilliger und „spröder" sind, vielleicht auch so eine Art „seelische Revanchisten", die einfach nicht aufgeben und ablassen können von dem, was sie sich in den Kopf gesetzt haben. So etwas zeichnet als vererbtes Temperamentsmerkmal zwar nicht inhaltlich aber sozusagen stilistisch wichtige Hauptlinien des Charakters vor; schon die unterschiedliche Geschwindigkeit von Erregung und Hemmung der Nervenprozesse kann Sturheit mit bedingen: Schnelle und bewegliche Kinder stellen sich leichter auf Neues ein, dafür fällt es ihnen schwerer, dann dabei zu bleiben.

GOTT ODER DIE NATUR IST GNÄDIG: ALLES HAT SEINE VOR- UND NACHTEILE. Auch eine große Stur- und Eigenwilligkeit, die Eltern zur Verzweiflung bringen kann, hat für einen späteren, besonders erfolgreichen Lebensweg bestimmt mehr Vor- als Nachteile. Trifft auf solche vererbten Persönlichkeitsmerkmale eine Erziehung, die sehr sorgenvoll, engagiert und ehrgeizig das Kind nun erst recht auf den richtigen Weg führen will, kann gerade das pädagogische Engagement zum Desaster führen, dazu, dass sich Erziehung zum destruktiven Kampf aufschaukelt, der beide Seiten zermürbt. Erziehung ist unbedingt nötig. Sie gelingt aber nicht gegen den biologischen „Status quo", sondern nur auf der Grundlage seiner Anerkennung.

MITFÜHLEN MACHT DAS LEBEN ERST ERTRÄGLICH
Meine Liebe bleibt – deswegen kannst du es dir leisten, „der Dumme" zu sein

....

Die Grundlage der Eltern-Kind-Beziehung ist die Liebe, das Annehmen des anderen, so wie er ist. Nur durch eine solche Sicherheit ist er „weich" und offen genug, sich ändern zu können, gerade weil er es nicht muss, um weiter geliebt zu werden.

Durch die Geborgenheit in der Familie ist das möglich, sie wird so zum „Hafen". In ihm kann die „Lebensfahrt" trainiert werden, damit die Kinder zu Lebensabenteuern auf hoher See aufbrechen wollen und können und sie bestehen, vor der nächsten Stärkung im Hafen.

DAS VERLIEREN-LERNEN IST SO WICHTIG. Niederlagen zu verkraften ist die schwerste Lebenslektion. Mit ihrer Bitternis fertig zu werden, können Junge am besten beim Kämpfen mit ihren vertrauten Eltern lernen. Wir alle sind nicht nur Sieger, sondern auch Verlierer in diesem Leben: Wir wissen, wie weh die Enttäuschung tut, uns bei Menschen, die uns wichtig sind, mit einem Wunsch nicht durchsetzen zu können. Als Kind haben wir dann geweint und geschrieen, bis wir Trost annehmen konnten oder uns die Erschöpfung erlöst hat. Eltern können und sollen ihren Kindern das erfahrene Leid nicht abnehmen, sie können sie aber sehr wohl dabei begleiten und mit ihnen mitfühlen, sie halten und trösten, ganz so wie bei einem schmerzhaften medizinischen Eingriff.

ICH BIN DA – KÖRPERLICH UND SEELISCH. ICH HALTE DICH! Das ist wichtiger als die Vernebelung und Betäubung des Schmerzes. Der Schmerz bleibt, und er wird doch erträglich durch das gefühlvoll-körperliche Mitschwingen der Eltern. (Eine Untersuchung hat erwiesen, dass kleine Kinder, die bei einer Impfung durch ihre Eltern nur verbal und nur von weitem getröstet werden, doppelt so laut schreien wie die Kinder, die auf dem Schoß von Mama oder Papa den Trost viel direkter, auch körperlich erfahren konnten.) So sind Krisen zu etwas Nutze: Kinder lernen aus ihnen, wenn sie Niederlagen ohne Ablenkung und faule Kompromisse, wie zum Beispiel „Guck' mal, die schönen Luftballons! Nachher essen wir ein Eis!", schrittweise wahrhaben können und, gehalten und getröstet von den Eltern, bis zum Ende durchleiden. Nur das Kind, das von ganzem Herzen so trauern lernte und sei es um ein Überraschungsei, das es so sehr wollte und doch nicht bekam, bildet sozusagen „Antikörper" gegen zukünftiges Leid.

DIE TÄLER VON NIEDERLAGEN GEMEINSAM DURCHWANDERN. Kinder sollen dabei gestützt und gehalten werden, und die Strecke trotzdem mit der ganzen eigenen Kraft, die sie haben, zurücklegen. Wer das nicht lernt in den ersten Jahren seines Lebens, der kann seinerseits nicht mit einem Unterlegenen wirklich mitfühlen. Ich fürchte, es gibt heute viel zu viele Egozentriker, die nie gelernt haben zu verlieren, und die nun ausflippen, wenn sie nicht bekommen, worauf sie Lust haben, angefangen von Schokoriegeln bis hin zu Nachbars Töchtern.

ICH BEFÜRCHTE IM ERNST, dass die deutliche Zunahme von jungen Vergewaltigern mit diesem Phänomen zu tun hat. Wer immer alles bekam, zumindest aber einen guten Ersatz, wie soll der „plötzlich" verzichten und sich damit abfinden können, dass er jetzt nicht seinen Willen kriegt, nicht einmal wenigstens ein freundliches Wort oder ein „Küsschen"? Erbost wird er sich das holen, was ihm gefällt. Seine Seele hat dieses Anspruchsdenken in der Kindheit, in der wir alle so intensiv lernen, tief verinnerlicht.

OHNE GROSSMUT NÜTZT STÄRKE NICHTS
Wir alle brauchen (Gott-)Vertrauen

Ein Großvater macht sich Sorgen um seinen 13-jährigen Enkel: „Seine Mutti ist sehr arbeitsam, ideenreich und lieb aber auch streng zu ihrem Sohn. Sie lebt mit einem Partner, der ebenfalls auf das Kind positiv einwirkt. Auch der leibliche Vater hat großen Einfluss auf ihn. Man müsste denken, dass alles in Ordnung ist. Aber der Junge lügt – und das nicht selten."

Ja, so ist das Leben. Wir alle brauchen (Gott-)Vertrauen, eine zuversichtliche Gelassenheit, dass es schon gelingen wird, vor allem wenn es um Beziehungen geht, zu Menschen und – nebenbei gesagt – auch zu Katz oder Hund. Erziehung ist die Form menschlicher Beziehung, wo Alte die Verantwortung für die gute Entwicklung der Jungen tragen. Das hat mit Kampf zu tun und mit Konsequenz wie das ganze Leben.

KAMPF UND KONSEQUENZ DÜRFEN NIE HEKTISCH UND VERBISSEN WERDEN. Besser gesagt, sie dürfen es nicht bleiben, denn kurzzeitige Ausrutscher können Menschen nicht vermeiden. Ich befürchte nun, dass die Mutter Ihres Enkels, gerade weil ihr so viel an der guten Entwicklung des Jungen liegt, zu viel des Guten tut: zu sehr erzieht, zu beständig konsequent ist. Jetzt können Sie und die ganze verehrte Lesergemeinschaft den Kopf darüber schütteln, ob denn nicht gerade ein zwingendes Merkmal der Konsequenz ihre Beständigkeit ist. Einerseits ja. Und doch: Die Natur ist nicht schnurgerade, zu ihr gehört ein Rhythmus des Auf und Ab, der Verdichtung und der Lockerung.

UND SO WÜRDE ICH EINFACH MAL LOCKER LASSEN. Das gilt auch und gerade dann, wenn mein Sohn lügt. Ich muss ihn jetzt nicht überführen. Ich lasse ihn die Folgen tragen – er muss zum Beispiel Geld, das er gestohlen hat, zurückgeben oder etwas richtig stellen, aber er muss seinen Betrug jetzt nicht als solchen gestehen, über die Wiedergutmachung hinaus bestraft werden und sich entschuldigen. Es ist paradox: Anders als zum Beispiel in der Schule, wo sich Lehrer und Kinder relativ fremd sind, hilft die Bestrafung von Kindern durch ihre Eltern nur, wenn die Liebe sicher ist. Insofern kann sie noch kommen, später, bei einer geringeren Schuld. Im konkreten Fall fürchte ich, ist sich der Enkel seines Platzes in der Familie und im Leben nicht so sicher, wie es scheint. Deshalb sollten die Eltern von seinen Lügen kein weiteres Aufheben machen und ihm lieber zeigen, dass sie ihn trotzdem lieben, dass sie trotzdem an ihn glauben.

VERTRAUEN, WENN ALLES KLAPPT, IST KEIN KUNSTSTÜCK. Da könnte ja jeder an ihn glauben. Dafür sind wir ja gerade (Groß-)Vater oder (Groß-)Mutter, dass wir unsere (Enkel-)Kinder lieben und ihnen vertrauen, obwohl sie aufgrund ihres konkreten Verhaltens das nicht wert zu sein scheinen. „Na gut", könnten jetzt vielleicht Eltern geneigt sein zu ihrem betrügenden und lügenden Kind zu sagen, „einmal vertraue ich dir noch, aber dann ist endgültig Schluss!" Das wäre die Katastrophe, denn Kinder müssten das zwanghaft testen, wie bei einem Zahn, der wackelt: Wann ist wirklich endgültig Schluss?

ES KANN KEINEN KLEINEN GROSSMUT GEBEN. Es ist wie mit der Liebe: Entweder liebe ich oder nicht. Nur vorbehaltloser Großmut, der sowieso da ist, egal, was passiert, trägt die Chance in sich, dass Kinder darauf verzichten können, ihn zu testen. Der Junge hat jetzt Zeit. Aber irgendwann wird er genau erklären müssen, wie es dazu kommen konnte. Nicht um ihm dann doch noch eine Rechnung zu präsentieren, nein, nur um ihn richtig und tief zu verstehen – im Nachhinein für die Gegenwart und Zukunft.

6. SCHULPROBLEME UND DIE PUBERTÄT
Zuhören und Verstehen – nie war beides so wertvoll wie heute

MENSCHEN MISSVERSTEHEN SICH SCHNELL, besonders Eltern, Lehrer und pubertierende Jugendliche. Sie alle befinden sich heute in einer sehr anspruchsvollen Lebenslage. Gerade deswegen können sie sich das nicht leisten. Zuhören, Einfühlen und Verstehen können helfen. Aber diese Fähigkeiten sind so edel, so zerbrechlich, dass Eltern und Lehrer ein Mindestmaß an Disziplin, sie zu handhaben, vormachen und einfordern müssen.

SOLIDARITÄT ZWISCHEN ELTERN UND LEHRERN
Damit die Kinder wissen, woran sie sind

Eine Mutter ist ratlos: „Was kann ich tun, wenn in der Klasse meines Sohnes Chaos herrscht?"

Kultiviert sind Menschen, die bei Problemen zuerst bei sich selbst nach den Ursachen suchen können. Das gilt für Lehrer, Eltern und Schüler. Es gilt in Beziehungen insgesamt. Wir brauchen es im ganzen Leben. Kinder können das am wenigsten, denn die Natur ist ihnen noch näher als die Kultur.

DIE NATUR „SAGT": BRING' DICH ZUR GELTUNG, BEFRIEDIGE DEINE LUST! Deswegen ist es schlecht, wenn Eltern bei Problemen mit den Lehrern sofort anfangen, mit ihren Kindern zusammen zu schimpfen über unfähige Lehrer, einen todlangweiligen Unterricht usw. Es ist logisch, dass dieser „Strom" der Beschuldigung, der von Natur aus sowieso schon stark ist, durch die zusätzliche elterliche Auffüllung noch gewaltig an Wucht gewinnt und immer schwerer umgelenkt werden kann.

JEDER IST SICH SELBST DER NÄCHSTE. Das hat mit der zunehmenden Individualisierung unserer Gesellschaft zu tun. Verfallen kulturelle Gemeinschaften wie etwa die der Nation oder die Solidargemeinschaft der älteren, erziehenden Generationen, bleibt die Gemeinschaft von Fleisch und Blut übrig: Auf meine Kinder lasse ich nichts kommen. Alle anderen sollen sich ändern, bloß meine Kinder und ich – wir sind okay, wir bleiben, wie wir sind. Das ist zwar menschlich, aber tragisch falsch verstandene Liebe, es bleibt eine Verzichtserklärung auf Erziehung und persönliche Entwicklung, die letztendlich den eigenen Kindern am meisten schadet. Die „Kids" verhalten sich demgegenüber in Gruppen Gleichaltriger weitgehend solidarisch zueinander.

AUCH DIE ALTEN MÜSSEN EINIG WERDEN über ihre grundlegenden Erwartungen an die Jungen. Das verschärft zwar kurzzeitig den Kampf der Generationen, macht ihn auf die Dauer aber klarer, geregelter und damit fairer, als wenn lauter Individuen, zunehmend innerhalb der erziehenden Generationen, gegeneinander kämpfen. In diesem Sinn sollen Eltern zu ihren Kindern sagen: Wenn du Probleme mit deinen Lehrern hast, fass' dich zuerst an deine eigene Nase. Du weißt, ich kämpfe für dich. Aber lass' mich in keinen unehrlichen Kampf laufen, lass' uns zuerst gemeinsam überlegen, was den Lehrer dazu brachte, dich „auf dem Kieker" zu haben.

JEDER SUCHT ZUERST NACH SEINEN EIGENEN FEHLERN: EIN TRAUM. Die Lehrer tun dies sowieso, weil sie die Profis sind. Die Eltern, weil sie wissen, dass ihre Kinder gerade hier ihr mutiges Vorbild brauchen: Ich bin stark genug, meine Fehler zugeben zu können. Die Kinder, weil sie stolz auf solche Eltern und Lehrer sind. So entsteht gegenseitige Akzeptanz. Ein „Engelskreislauf".

ICH HABE KEINEN BOCK AUF SCHULE
Wenn ich nun aber mal keine Lust hab'?

„Wozu brauchst du einen Bock, du kannst doch auch zu Fuß zur Schule gehen!" Das habe ich unseren Söhnen gesagt, wenn sie mit diesem Argument kamen.

LUST ODER NICHT – DAS IST ÜBERHAUPT NICHT DIE FRAGE. „Dann beteilige dich besser am Unterricht und bereite dich gut vor, dann wird es mit Garantie auch interessanter!" Wenn Eltern damit anfangen, die Frage, ob ihre Kinder Lust dazu haben oder nicht als entscheidende Voraussetzung des Lernens zu akzeptieren, ziehen sie der Schule und damit auch den Lern- und Lebenserfolgen ihrer Kinder den Boden unter den Füßen weg.

Dass dies meist unbewusst geschieht, ändert nichts an der verheerenden Wirkung. Es ist das Gleiche, wie wenn Lehrer arrogant die Nase rümpfen über den Lebens- und Erziehungsstil in den Familien ihrer Schüler.

NICHT DEN SCHWARZEN PETER GEGENSEITIG HIN UND HER SCHIEBEN. Leider tun dies oft genug Eltern und Lehrer. Ein Kind müsste „unnatürlich" lieb sein, vielleicht über eine besondere Gabe menschlicher Einfühlung verfügen, wenn es sich im Unterricht noch anstrengen würde, nachdem ihm seine Eltern den Eindruck vermittelt haben, dass diese Lehrperson eine Zumutung ist, unfähig und unmöglich. Lehrer, die das erleben, werden resignieren, zum Nachteil ihrer Schüler. Sie werden versuchen, ihre Kräfte und Energien für diesen Dauerkampf zu strecken, um ihn mit Gleichgültigkeit so lange wie möglich durchzustehen, wobei ab und zu die eigene Wut und Verbitterung wie ein giftiger Geysir aufschießen, was dann wieder ein Grund für Eltern und Schüler ist, sich endgültig über die Unfähigkeit und das mangelnde Engagement des Lehrers einig zu sein. Ein Teufelskreislauf.

DEM, ÜBER DEN ICH MICH ÄRGERE, DEN RÜCKEN STÄRKEN, damit er seine Arbeit gut machen kann. Ganz wichtig wäre ein Elternabend ohne Lehrer, bei dem sich zunächst die interessierten Eltern verständigen, wie sie den Lehrern den Rücken stärken, damit diese sich trauen können, in den frontalen Unterricht Phasen seiner Öffnung zu integrieren und dies dann auch effektiv ist. Beides ist wichtig für gutes Lernen: Phasen straffer Lehrerzentriertheit ebenso wie Phasen eigener individueller Verantwortung des Kindes für die Gestaltung seines Lernprozesses. Die Befähigung zu Leitung und Unterordnung ist gerade beim schülerorientierten Unterricht entscheidend: Ein Kind kann eine Gruppe Gleichaltriger beim selbstständigen Lernen nur so gut, sicher und effektiv leiten, wie das der Lehrer im Umgang mit der ganzen Klasse vorgemacht hat. Natürlich gibt es auch Eltern in der schwachen Position, die sich aus ihr heraus verhärten und abschotten. Sie müssten dann wiederum durch das Kollegium der Lehrer gestärkt werden, damit sie sich für eine Zusammenarbeit öffnen können.

EIN ALTES PROBLEM WIRD BLEIBEN. Die Eltern, deren Unterstützung besonders wichtig wäre, kommen zu so einem Elternabend oft nicht. Die Chance, sie doch zu gewinnen, ist aber sicher höher durch ein Telefonat oder einen Brief von Eltern zu Eltern, aber ohne gleich Druck zu machen, denn Angst verhärtet, Angst lähmt Menschen, Kinder, Eltern und Lehrer.

DAS PREUSSISCHE PFLICHTBEWUSSTSEIN: Es ist eine „Supertugend", weil es uns unabhängig – und damit frei – macht von unseren Launen und Gefühlsschwankungen. Ein Kind, das dieses im alltäglichen Tun verinnerlichen muss/darf, kann sich unbewusst denken: „Ich erledige meine Aufgabe sowieso zu Ende, das ist logisch und klar, zumindest bis zum nächsten Zwischenergebnis, einfach weil ich es so gewöhnt bin, weil meine Eltern das immer verlangt haben." Das ist ihm eine Selbstverständlichkeit, ein Wert an sich geworden. Ob diese Tätigkeit noch Spaß macht, spielt dabei überhaupt keine Rolle. Das ist genau die Voraussetzung, dass das Kind später doch wieder Spaß, eine innere Motivation, an diesem Tun gewinnen kann.

DER ELTERLICHE WILLE hat erst einmal den fehlenden eigenen, zum Beispiel zum Üben mit einem Musikinstrument, ersetzt. Das Kind erledigt gezwungenermaßen seine Pflicht. Dadurch hat es beim nächsten Üben bessere Voraussetzungen, doch Spaß am Musikmachen zu finden, einfach weil jetzt die handwerklichen Voraussetzungen dafür besser geworden sind. Eltern sollten nicht zu viel verlangen, es aber nicht aufgeben, auf einem Minimum an Pflichterfüllung konsequent zu bestehen im Interesse ihrer Kinder, denn Durststrecken, die zu überwinden sind, gibt es immer wieder.

DER MUT ZUR REUE IST EIN GANZ BESONDERER MUT
Wer ehrlich eigene Fehler bekennt, hat vor allem eins verdient: Respekt

Frau F. empört sich über eine Lehrerin: „Meine Tochter hat eine Mathematiklehrerin, die schwächere Schüler und Schüler mit Verhaltensauffälligkeiten regelmäßig vor der Klasse lächerlich macht. Ein Mädchen, das mit beruflich sehr beanspruchten Eltern aufwächst, bekommt von der Mutter einen Brief mit dem Inhalt ‚Meine Tochter hat die Hausaufgaben vergessen, jetzt ist es zu spät. Sie wird sich aber bessern.' Am Tag darauf die Lehrerin höhnisch vor der ganzen Klasse. ‚Karolin, deine Mutter hat mir geschrieben, du willst dich bessern, wann fängst du damit an?'"

Das ist traurig. Das finde ich auch falsch und unpädagogisch, denn es gibt wohl wenig Schlimmeres als einen Menschen zu verhöhnen, der ehrlich ist, einen Fehler zugibt, bereut und sich um Besserung bemüht.

WANN WIRD ER SICH WIEDER TRAUEN, SO EHRLICH ZU SEIN? Wann wird er aus der Deckung von Rechthaberei und Schuldabweisung wieder herauskommen? Ich finde den Brief der Mutter sehr sympathisch. Sie zeigt guten Willen und wird dafür schnöde zurückgewiesen. Schade, es gibt Menschen, die können nicht anders: Wenn der eine freiwillig ein Stück in seiner Selbstbehauptung zurückgeht, müssen sie triumphierend diesen frei gewordenen Platz besetzen. Für mich zählt die Mühe, die ehrliche Anstrengung mehr als der Erfolg, und ich denke, Lehrer sollen unendlich sein in ihrer Geduld, so lange die Mühe und der Kampf um das Lernen anhalten. Das brauchen Schwache und Ängstliche; ihr Lebensmut kommt nie hoch, wenn die Erfolgreichen, die die Macht haben, sie mit ihrem Hochmut einengen und bedrängen.

ERZIEHENDE MÜSSEN SELBST REUMÜTIG SEIN. Sie müssen etwas so Schweres vormachen und zuerst sich selbst fragen: Wo liegt mein Anteil am Scheitern der Kinder? Das ist Mut zur Ehrlichkeit nach innen. Sein Ergebnis sollen sie dann auch mitteilen, denn Fehler sind menschlich. Er berechtigt zum gleichen Mut nach außen und erfordert ihn auch: Kinder, die sich nicht bemühen, müssen ebenso ehrlich damit konfrontiert werden, und sie müssen dann von außen den nötigen Druck bekommen, wenn sie ihn sich nicht schon selbst von innen machen.

WAS DENN NUN?
Langsam ist Schluss mit lustig

....

Frau G. aus Leipzig ist unzufrieden. „Sie sagen, dass Sie ‚nichts von der Forcierung von Lernprozessen kleinerer Kinder vor der Schule und in der Grundschule' halten. Also doch Kuschelpädagogik, Spielen nach Lust und Laune. Ich dachte bisher immer, Sie würden für eine leistungsorientierte Schule plädieren. Das fand ich richtig und bitter nötig. Was gilt denn nun?"

Vielleicht habe ich mich missverständlich ausgedrückt. Für eine Forcierung von Lernprozessen im Sinne ihrer Verstärkung und Intensivierung bin ich schon, auf jeden Fall in der Schule. Die Schule heute kommt mir zuweilen vor wie ein VEB zu DDR-Zeiten. Jedenfalls dann, wenn er kein Vorzeigebetrieb war: Die wenigste Zeit wird richtig intensiv gearbeitet.

In wie vielen der 180 bis etwa 300 Unterrichtsminuten am Tag wird denn konzentriert gelernt? Ich wäre ja schon mit der Hälfte dieser Zeit zufrieden, denn eine dauerhafte geistige Anspannung ist gar nicht gut, nicht einmal über den überschaubaren Zeitraum einer Unterrichtsstunde von 45 Minuten. Höchstens ältere Schüler könnten das zwei, drei Unterrichtsstunden am Vormittag schaffen.

WIR KENNEN ALLE DIE SCHULE. Wir waren alle mal Schüler. Und viele werden sich daran erinnern, dass sie sich bei einem „weichen" Lehrer gern ausgeruht haben, wenn bei einem richtig strengen 45 Minuten lang die „Köpfe rauchen" mussten. Es kommt auf den Wechsel von Anspannung und Entspannung an. Das Problem heute ist aber nach meinen Beobachtungen, dass die Mehrheit der Schüler in einer durchschnittlichen Mittel- oder Berufsschule sich bestimmt nicht einmal an einem Viertel der Unterrichtszeit intensiv an den Lernprozessen beteiligt. Bei vielen ist es nicht einmal ein Zehntel, oder sie sitzen sie sogar ganz und gar unbeteiligt ab.

VOM WIRKUNGSGRAD DER DAMPFLOK ZU DEM DER E-LOK KOMMEN. Das ist die Aufgabe. Und hier ist dringend eine Forcierung angebracht. Insofern meinte ich, dass es nicht reicht, immer neue Lehrpläne zu entwickeln, die immer früher zur Geltung kommen sollen, wenn nicht gesichert ist, dass die dafür vorgesehene Lernzeit intensiv genutzt wird. Für mich ist auch nicht das Hauptproblem, dass sehr viel Unterricht immer wieder ausfällt, was ich staunend in meinem Umfeld erlebe. Der Knackpunkt ist für mich der geringe Nutzungsgrad des stattfindenden Unterrichts. Dass Lehrer überdurchschnittlich oft krank werden, hat ja in erster Linie damit zu tun, dass Unmögliches von ihnen verlangt wird: Sie sollen Kinder, die nicht gelernt haben, natürliche Phasen von Unlust durch Disziplin selbst zu überwinden, „motivieren", intensiv zu lernen. Das ist in einer oberflächlichen Spaßgesellschaft nicht möglich.

DIE GANZE GESELLSCHAFT MUSS SICH ÄNDERN – und sie ändert sich. Langsam ist Schluss mit lustig. Nichts gegen Humor, gegen lautes Lachen, aber alles gegen eine gelangweilte, bequeme Konsumentenhaltung mit dem selbstverständlichen Anspruch, dass die Schule und die Gesellschaft für die geringste eigene Anstrengung immer wieder neue Gags, „Highlights" und jugendgemäße Abwechslung zu bieten habe.

ERST KOMMT DIE SICHERHEIT, DANN DIE KREATIVITÄT
Hier beißt sich die Katze in den Schwanz

Besonders gefällt mir, wenn sich auch Schüler äußern. Ein Mädchen aus der 8. Klasse schreibt: „Natürlich stimmt es, dass der Großteil der Schüler den Unterricht nur absitzt, ohne sich zu bemühen, ernsthaft etwas zu lernen. Aber liegt das nicht auch an dem oft so eintönigen Unterricht?"

LEHRER MÜSSEN DAS WISSEN NUR INTERESSANT VERPACKEN. Lehrer sagen, wenn meine Schüler aufmerksam wären, wenn sie mir eine Chance geben würden, wenn sie eine Weile bei der Sache bleiben würden, auch wenn das Interessante am Stoff nicht gleich offensichtlich ist, dann könnte ich etwas Neues ausprobieren, dann könnte ich die Schüler auf anspruchsvolle Weise beteiligen. Schüler sagen, wenn der Unterricht langweilig ist, dann bleibt einem ja nichts anderes übrig als zu pennen oder zu quatschen. Und eine Mutter schreibt in rührender Naivität: „Lehrer müssen das Grundlagenwissen nur so verpacken, dass sie das Interesse ihrer Schüler wecken können. Das ist nun einmal ihr Beruf." Und es ist richtig, einzelne Lehrer schaffen das ja auch.

MIR KOMMEN SIE VOR WIE GENIALE „BASTLER". Es gelingt ihnen, ein eigentlich verkehrt konstruiertes Gerät mit Wackelkontakt doch noch zum Funktionieren zu bringen. Neben ihrer großen Begabung setzt das ihren totalen Einsatz voraus: Sie konzentrieren ihre gesamte Lebens- und Liebeskraft nur auf ihren Beruf. So kann ein durchschnittlicher Lehrer nicht sein. Er hat auch noch selbst eine Familie und vielleicht sogar Hobbys. Der grundsätzliche Konstruktionsfehler ist die oberflächliche Spaßgesellschaft: Alles dreht sich um die Befriedigung individueller Gelüste. Dem haben verantwortliche Autoritäten heute zu dienen. Eltern, Lehrer, Jugend- und Schulpolitiker werden daran gemessen, wie sehr ihnen das gelingt. Die Werte stehen Kopf.

WAS HAT EIN LEHRER HEUTE ZU ERWARTEN? Er kommt in die Klasse und öffnet die Tür. Werden sich seine Schüler erheben und seinem Gruß antworten, damit allen deutlich ist: Jetzt beginnt eine Stunde intensiven Lernens? Mitnichten! Er muss ankämpfen gegen Unruhe wie bei einer Wahlveranstaltung, muss um Mehrheiten ringen, jedes Mal wieder neu überzeugen, dass er etwas Interessantes zu bieten hat. Die für diese Zustände verantwortlichen Politiker sollten wissen, wie anstrengend Wahlkampf ist. So kann man auf die Dauer nicht mit Erfolg unterrichten. Menschen, die Verantwortung tragen, die sensibel sein sollen, brauchen dafür Ruhe und Sicherheit, und zwar nicht als immer wieder neu zu verdienende Belohnung für didaktische Meisterleistungen, sondern als Voraussetzung dafür.

KREATIVITÄT BRAUCHT SICHERHEIT! Deswegen wäre es wichtig, dass alle zusammen in dieser Gesellschaft wieder klare Sicherheiten schaffen. Wenn ein Lehrer die Klasse betritt, hat Ruhe zu herrschen. Es gibt wenig Schöneres als erwartungsvolle Stille. Das weiß jeder Schauspieler, jeder Großvater, der vor dem Märchenerzählen abends die Spannung der Stille noch ein wenig dehnt. Und dann sollen sich die Lehrer verantworten, die mit so wundervollen Arbeitsbedingungen nichts anfangen wollen oder können.

ICH BRAUCHE EINEN RHYTHMUS FÜR MEIN TUN
VERKEHRTES BEWUSSTSEIN WIRD FORTWÄHREND VERSTÄRKT

Ich zitiere noch einmal aus dem Brief der 14-jährigen Schülerin: „Wir sind leichter zu begeistern, als von Ihnen behauptet wird. Entgegen Ihrer Auffassung bin ich der Meinung, dass Schüler wünschen, dass Unterricht anspruchsvoll und interessant ist, damit es Spaß macht zu lernen. Dafür sind Schüler und Lehrer gleichermaßen verantwortlich."

Ich bin ganz Ihrer Meinung und sage das ohne jeden Funken von Ironie. Menschen sind so „lieb", wenn es nur eine gute Ordnung für ihr Handeln gibt. Ich jedenfalls brauche Rhythmus und Struktur für mein Tun. Ich bin ein ziemlich willensschwacher und chaotischer Mensch. Deswegen brauche ich zum Beispiel unbedingt eine Gliederung, einen Rahmen, um das Wirrwarr meiner Gelüste und Gedanken zu sortieren und die Chance zu bekommen, wenigstens ein paar auf vernünftige, effektive Weise zu verwirklichen.

MIR GEHT ES DA WIE MAKARENKO. Der ukrainische Pädagoge und Schriftsteller hat von sich gesagt, dass ihm im Leben nicht viel gelungen wäre, wenn er nicht einen festen Platz in seiner Kommune mit klaren alltäglichen

Aufgaben, Ritualen und Verantwortlichkeiten gefunden hätte. Die Frage ist, wie viel Ordnung und Umgangsformen brauchen wir in der Familie und in der Schule, damit die freie persönliche Entfaltung aller gut möglich wird. Jede Generation muss das neu ausprobieren. Deswegen bin ich für einen Wettbewerb zwischen den Erziehungskonzepten der Schulen. Eltern schicken ihre Kinder dahin, wo sie ihre Lebensphilosophie verwirklicht sehen. Hier Struktur als Grundlage der persönlichen Entfaltung, geregelte Umgangsformen, ob ein einzelner Schüler nun in dem Moment Lust dazu hat oder nicht. Dort Spaß und Freiwilligkeit als Grundlage von allem.

SEHNSUCHT NACH RHYTHMUS. Sie zeigt sich in der Vorliebe der jungen Generation für eine überpointierte, teilweise schon aggressiv rhythmische Musik. Dies gilt ebenso für die strengen Formen von Über- und Unterordnung in jugendlichen Cliquen. Mir scheint, die Sehnsucht der Jungen nach einer sozialen Ordnung, in der sie ihren Platz suchen und finden können, blieb noch nie so unbefriedigt wie heute, weil Eltern und Lehrer in ihrem Erziehungsauftrag hier noch nie so verunsichert waren. Das zeigt sich in den Kleinigkeiten des Alltags – in diesem Buch habe ich einige Beispiele dafür genannt – und zugleich wird dieses verkehrte Bewusstsein durch die Alltagserfahrungen fortwährend verstärkt.

WILLST DU HEUTE IN DIE SCHULE GEHEN? Schon Kinder, lange vor der Pubertät, werden gefragt: „Gehst du ins Bett?", „Wollt ihr mit uns essen oder lieber allein oder habt ihr heute überhaupt keine Lust darauf?", „Was willst du heute anziehen?" usw. usf. Dann ist es wirklich nicht mehr weit bis zu der Frage: „Willst du heute in die Schule gehen?" Das stellt die Welt auf den Kopf. Es verhindert, dann offene Fragen ohne jedes Vorurteil zu stellen, wo sie wirklich nötig wären, um ein tiefer liegendes Problem schrittweise zu klären.

MIT DEM ANDEREN REDEN
Eine Beziehung von Seele zu Seele knüpfen

Null Bock auf Schule, das ist das Hauptproblem, das sich bei den Schreiben der Eltern besonders mit älteren Kindern, so ab der 7. und 8. Klasse herauskristallisiert. Sogar mich überkommt, obwohl ich ja gar nicht direkt

beteiligt bin, ein Gefühl der Hilflosigkeit, wenn ich den Brief einer Mutter lese: „Unser Sohn hat resigniert und abgeschaltet. Weder mit Drohungen noch mit Engelszungen können wir ihn beeindrucken. Er macht einfach nichts für die Schule."

AGITATION SCHAFFT KEINE MOTIVATION – NICHT WIRKLICH! Eins ist sicher: Es ist nicht möglich, ihren Sohn – nennen wir ihn Daniel – durch eine immer besser ausgefeilte „Agitation" zu höheren Leistungen zu motivieren. Zu oft hat er gelernt, auch von pädagogischen „Profis", seinen Lehrern, dass das unverbindlich auf einer rein symbolischen Ebene bleibt, die für ihn nicht handfest genug, nicht praktisch genug, nicht sinnlich spürbar genug ist. Früher haben viele Eltern diesem Mangel durch eine „ordentliche Tracht Prügel" abgeholfen. Die war zwar handfest und sinnlich auch sehr beeindruckend, ist aber zu Recht verboten, weil die Gefahr, die Beziehung zum Kind dadurch endgültig zu zerrütten, größer ist, als die Chance, den Jungen aus seiner Lethargie herauszureißen. Außerdem hat die massive Zurückweisung eines falschen Verhaltens nur Sinn, wenn die positive Alternative ebenso stark präsent ist, zugleich praktisch und klar vor Augen steht.

WENN DER ABSTIEG NICHT WEITER GEHEN SOLL, muss ein Aufstieg möglich sein. Bei Ihrem Sohn Daniel fängt er mit dem Praktikum als Küchenhilfe in einer Gaststätte an. Da würde ich dranbleiben, auch wenn Ihre Hoffnung, dass er sich nun mehr für einen guten Schulabschluss anstrengt, enttäuscht wurde. Es gibt einfach Menschen, die mit einer theoretischen, abstrakten Ebene des Handelns nur sehr wenig anfangen können. Aber wenn er praktisch gut ist, hat er an einer Stelle Erfolg, und das ist das Entscheidende. Das heißt, er muss nicht lethargisch und gleichgültig sein, das ist nicht sein allgemeines Wesen. Er kann sich aufraffen. Von dieser Fähigkeit muss er jetzt nur ein klein wenig auf die Schule übertragen. Das müssen Sie verlangen, da kommt er nicht drum herum. Stellen Sie nicht zu hohe Anforderungen. Ein „Ausreichend" muss aber z.B. in den Kernfächern Deutsch, Mathe und Englisch möglich sein. Er kann dies mit dem Schwung des praktischen Erfolgs erreichen, wenn er es nur will.

DANN LOHNT AUCH NACHHILFEUNTERRICHT. Hat er persönlich „Witterung" aufgenommen, ist ihm bewusst geworden, dass er den Hauptschulabschluss einfach braucht, um später das tun zu können, was er will, nämlich als Koch zu arbeiten, hat das Sinn, denn ihm werden viele Grundlagen fehlen. Aber wehe, er nutzt ihn nicht engagiert. Da würde ich im engen Kontakt mit dem/den Lehrer(n) bleiben. Dann ist Schluss damit, dass Sie das extra bezahlen, dann muss er die Suppe auslöffeln und sehen, wie weit er ohne Hauptschulabschluss kommt. Dann muss er, so grausam das ist, eben erst durch Schaden klug werden. Ich staune, wie oft ich junge Leute erlebe, die mühsam ihren Schulabschluss nachholen, nachdem sie, zum Teil erst mit Anfang Zwanzig doch noch vernünftig geworden sind. Es bleibt Ihnen wohl nichts anderes übrig, als darauf zu setzen. Entwickeln können wir uns nur, wenn die für uns wichtigen Menschen einerseits die Realität unseres Ist-Zustandes vorbehaltlos (an-)erkennen und andererseits auch eine klare, konkrete Vision von uns haben.*

NICHT MIT EINEM PHANTOM REDEN. Das tun Sie, wenn Sie nicht von den Realitäten ausgehen. Sie reden dann mit Ihrem eigenen Wunschbild vom anderen, quasi mit sich selbst. Der wirkliche andere – der 14-jährige Sohn mit seiner Realität und seinem eigenen Weltbild – hört nicht zu. Er lässt sich nur dann auf Sie ein, wenn er spürt, dass Sie ihn selber meinen, so wie er ist. Gespräche, die etwas bewirken, sind immer nur möglich zwischen Menschen, die auf irgendeine Weise auf der gleichen Wellenlänge sind, die eine wirkliche Beziehung von Seele zu Seele hergestellt haben und sich nicht oberflächlich gegenseitig mit Floskeln abspeisen.

SO EIN GESPRÄCH KÖNNTE IN ETWA SO LAUFEN: „Die Schule bringt dir nichts", dann hören Sie sich (noch einmal?) geduldig an, was er dazu sagt. „Du möchtest raus?" Und wieder aufmerksam zuhören und ihm zeigen, dass Sie verstanden haben, was er meint, auch wenn Sie ganz und gar anderer Meinung sind. „Du willst dich um eine Lehrstelle bewerben? Wie willst du sie bekommen?" Sie teilen Daniel nur als Fakt mit, ohne Triumph: „Es gibt in Deutschland eine Schulpflicht, in Sachsen sind das zwölf Jahre (neun Jahre allgemeinbildende Schule und drei Berufsschuljahre). Du kannst deswegen jetzt nicht einfach als Ungelernter zu arbeiten anfangen." (Hier gibt es wenigstens einmal eine klare Richtlinie, die den Eltern Halt und Unterstützung gibt.) Und wieder zuhören. Jetzt wird ihm das Reden schon nicht mehr so leicht fallen.

---

* Joachim Bauer zeigt, wie wichtig das aus neurobiologischer Sicht ist. Ich verstehe nur nicht, dass er das „Lob der Disziplin" von Bernhard Bueb nicht versteht: Intensive Seele-Seele-Beziehungen brauchen Ruhe und Sicherheit, das Gegenteil von Chaos und Geschrei.

ERST EINMAL EINFACH NUR BESCHREIBEN
Das ist guter Schutz für die Eltern

Ein 14-jähriger Junge hat vollkommen die Motivation für die Schule verloren. Seine geistigen Kräfte benutzt er lieber, um seine Eltern und Lehrer zu provozieren.

Ich hatte der Mutter geraten, zunächst einmal seine derzeitige Lage vorbehaltlos zu verstehen und anzunehmen.

ERST MAL EINFACH NUR BESCHREIBEN, WAS WIR VERSTANDEN HABEN – damit gewinnen wir Zeit und Abstand. Wenn Sie, liebe Eltern, solche Probleme mit Ihrem Nachwuchs haben, mit ihm über diese leidige Angelegenheit wieder und wieder reden (müssen), gezwungen durch Anrufe der Lehrer oder durch extrem schlechte Zeugnisse, beschreiben Sie erst einmal einfach nur, was Sie hören. Ruhig und sachlich als Vorbild für ihn: Alles muss denkbar und sagbar sein, wenn Menschen zu einem guten Handeln finden wollen.

DAS IST AUCH EIN GUTER SCHUTZ VOR ESKALATIONEN. Und fragen Sie einfach weiter nach, fast ein wenig unbeteiligt, als wenn es gar nicht Ihr eigener Nachwuchs wäre: „Woher kommt das?" oder „Wie soll das gehen?", wenn er überzeugt ist, ein viel besseres Leben außerhalb der Schule zu haben. Und Sie können von Fakten ausgehen: Wenn nicht Mittelschule, dann Lehre, weil es in Sachsen eine insgesamt zwölfjährige Schulpflicht gibt. Welche Lehrstelle willst du und wie willst du sie bekommen? So bringen Sie ihn ohne eine einzige moralische Belehrung zur Vertiefung seines Nachdenkens. Vorläufig können Sie vielleicht so enden: Sowie du eine Lehrstelle sicher hast, kannst du von der Schule abgehen.

NICHT UMGEDREHT! Das ist unsere einzige Bedingung mit folgender zusammen: Du informierst dich mit unserer Hilfe genau. Die Schule hinschmeißen geht schnell, einen Abschluss nachzuholen, ist sehr viel schwerer. Wenn du es ernst meinst mit der Lehrstelle, gehst du mit uns zur Berufsberatung oder zur Handwerkskammer. Wir fragen dort konkret nach der Arbeitszeit, nach dem Urlaub, nach dem Lehrlingsentgelt. Überlege dir deine Fragen und schreib' sie auf, damit wir dort gut vorbereitet sind.

DAS WUNSCHDENKEN ENTZAUBERN – RUHIG UND SACHLICH. Jugendliche, die bisher in der Schule machen konnten, was sie wollten, leiden oft unter einer völlig utopischen Wahrnehmung der Realität. Sie haben nie gelernt, acht Stunden hintereinander aktiv, angespannt und aufmerksam zu sein. Gut, das ist bei praktischen Ansprüchen für viele wesentlich einfacher als das passive Konsumieren in der Schule. Aber trotzdem haben sie oft große Illusionen, um wie viel besser und „geiler" das Leben nach der Schule angeblich sein wird. Um Ihrem Sohn ein realistisches Bild vom Arbeitsalltag nach der Schule zu vermitteln, könnten Sie auch einen großen Familienrat einberufen mit den Großeltern, anderen Verwandten und guten Freunden der Familie, zu denen auch Ihr Sohn eine Beziehung hat. Wieder ganz wichtig ist: Wir entscheiden nicht für dich, es geht allein um das Nachdenken, um die Vorbereitung der richtigen Entscheidung, die du dann für dich treffen kannst und musst. Aber eines verlangen wir: Du hörst richtig zu und fragst nach, wenn du etwas nicht verstehst, genauso wie wir das tun.

TIEFE EINSICHT IST SCHEU
ERST KOMMT DAS VERSTEHEN, DANN DER RAT

Ein Ehepaar ist unsicher: „Was machen wir mit unserem schulmüden Sohn, der meint, dass er die Schule sowieso nicht braucht, der stört und provoziert, seine Eltern und Lehrer zur Verzweiflung bringt und ernsthaft meint: Irgendeinen Job kriege ich doch überall."

Ich empfahl den Eltern, einfach zu beschreiben, was er sagt, und nachzufragen, beides möglichst genau. Erst kommt das Verstehen, dann der Rat. Das schafft Abstand. Die Gefahr, dass wir in unserer verständlichen Aufregung und Wut etwas sagen oder tun, was wir später bereuen, ist verringert.

TOBEN UND SCHREIEN FÜHREN NICHT WEITER. Urteilen ohne zu verstehen, macht die Klappe zu, und der (Gesprächs-)Affe ist tot. Klare Ansagen sind im Alltag zwar gut. Aber nur dann, wenn die Aufgaben logisch, für alle nachvollziehbar und klar geregelt sind. Gibt es besondere Probleme, stottert der Motor ernsthaft und hört nicht auf damit trotz Gasgebens und anderen kleinen Tricks, müssen wir anhalten, uns Zeit für die Diagnose nehmen.

„VERSTÄNDNIS" ALLEIN REICHT DANN NICHT. Kinder und Jugendliche brauchen nicht „Verständnis" schlechthin, sondern das wirkliche, ruhige und souveräne Verstandenwerden durch ihre Eltern, auch wenn diese ganz anderer Meinung sind. Den anderen zu verstehen und ihm das mit den eigenen Worten zu zeigen, heißt nicht, sein Verhalten zu billigen, aber es ist die Voraussetzung dafür, dass er sich selbst verstehen kann, insofern er einen verbalen Spiegel vorgehalten bekommt. Das haben vor allem die Kinder nötig, aber auch die Eltern.

ICH HABE NOCH FOLGENDEN VORSCHLAG, er ergänzt das bisher dazu Gesagte. Eltern von Kindern, die partout die Schule schmeißen wollen, sollten Jugendliche einladen, die gerade eine Lehre machen. Sie können dabei ruhig die Vorschläge ihrer Kinder aufgreifen. Einige von diesen jungen Leuten sind glücklich, weil sie ihren Platz gefunden haben, weil das Lernen endlich konkret-praktisch ist und für sie einen Sinn hat. Viele sagen nach meinen Erfahrungen aber auch: Ich habe nie gewusst, wie gut ich es damals in der Schule hatte. Ich habe heute in der Lehre viel mehr Stress als in der Schule. Das war damals eigentlich die schönste Zeit.

DIE EIGENE EINSICHT BRAUCHT ZEIT ZUM WACHSEN. Das zu verstehen, dahin kann ein schulfrustrierter Jugendlicher aber nur kommen, wenn es ihm seine Eltern nicht als fertige Erkenntnis aufdrängen wollen wie bei einer geistigen „Zwangsfütterung". Einsicht ist bei großen und ernsten Problemen des Lebens scheu; wir dürfen sie nicht jagen oder antreiben wollen. Sie „stirbt" sonst aus Stolz lieber eher, als dass sie sich zwingen lässt. Rechnen Sie also nicht zu früh mit ihr; sie muss langsam wachsen wie alles, was lebendig ist. Geben Sie älteren Jugendlichen das Gefühl, Sie halten es wirklich für möglich, dass sie Recht haben könnten mit ihrer Meinung. Das Ziel der Gespräche kann ja nicht schon ihre Voraussetzung sein. Dann wären sie nur eine rhetorische Übung. Der Gesprächsausgang muss offen sein, damit es einen Sinn für den Jugendlichen hat, sich wirklich darauf einzulassen. Ein Plan, der so ohne Vorurteile und ernsthaft geprüft wurde, kann dann viel leichter mental abgehakt und fallen gelassen werden. Es konnte ja auch das Für ausführlich erörtert werden, es ging nicht nur ums Wider. Gerade deshalb können wir das „Urteil" dann annehmen.

DAS VERSTEHEN UND DAS PRAKTISCHE TUN BAUEN AUFEINANDER AUF. Es geht im Leben immer um ein Pulsieren zwischen Verstehen (Einsehen) und neuen Erlebnissen. Ein Gespräch allein reicht sehr selten zur Einsicht. Erst braucht es wieder Abstand, praktisches Leben, um Gedankliches zu verarbeiten und „plötzlich" neu zu verstehen. Bei alltäglichen Problemen brauchen und sollen wir nicht so verfahren. Da heißt es einfach: „Denk' an den Mülleimer!" Da muss nichts über die Wochen wachsen, das hat am gleichen Tag noch erledigt zu werden. Eine solche alltägliche pädagogische Sicherheit ist sogar die Voraussetzung dafür, dass psychologische Geduld und Einfühlsamkeit bei den echten Lebensproblemen zur Geltung kommen können.

ES HÄTTE GUT GEHEN KÖNNEN, BEINAHE ...
In der Pubertät erwacht die Lebenslust

Wie können Eltern den Kontakt zu ihren schwierig gewordenen Kindern halten, wenn diese mitten in der Pubertät stecken?

Mit dem Verstehen beginnt in jedem Fall alles. Gerade für die Pubertät ist das wichtig, weil die Mädchen und Jungen in dieser Zeit sich nicht mehr vornehmlich an der kleinen Welt ihrer Eltern orientieren, sondern ihr Ich mit erwachter, junger und starker Lebenslust an der großen Welt erproben wollen.

WER BLEIBEN WILL, MUSS VERSTEHEN – das gilt erst recht für die Eltern pubertierender Kinder. Eltern wollen ihren Kindern die kleine Welt der Familie zur Stärkung und zum Auftanken erhalten, also müssen sie ihnen das Gefühl geben: Ich verstehe dich. Das ist auch nötig, denn die große Welt ist verwirrend, glitzernd und gefährlich, auf jeden Fall unübersichtlicher als früher. Das macht es jugendlichen Seelen mit ihren aufwallenden Bedürfnissen schwer, vor allem dann, wenn sie von lieben Eltern nicht konsequent erzogen wurden und hilfreiche Gewohnheiten der Pflichterfüllung, Rücksichtnahme und Leistungsbereitschaft nicht ausgebildet wurden, als das in ihrer kindlichen Entwicklungsphase noch gut möglich war. Dann wird's in der Jugend doppelt schwer. Trotzdem, es lässt sich darauf zurückgreifen, wenn nur ein bisschen davon da war. Das Leben ist ja sowieso nie fehlerfrei.

ES GEHT IMMER UM DAS TROTZDEM: Wie lässt sich der gute rote Faden der Freundlichkeit und Einsicht aus der Kindheit wieder aufgreifen? Junge Leute, die in der Pubertät außer Rand und Band gerieten, erzählen mir, dass sie selbst ein schlechtes Gewissen dabei hatten, das sie überspielt haben. Ihre Eltern, besonders ihre Mütter taten ihnen oft leid. Und trotzdem ging es weiter mit dem falschen, verrückten Leben. Beinahe wollten sie einlenken, aber dann kamen doch wieder die Vorwürfe und die Missverständnisse. Die Unzufriedenheit mit dem eigenen Leben und die Wut auf sich selbst sind wieder um- und abgeleitet worden auf elterliche Sündenböcke und umgedreht genauso. Dabei war das Verstehen innerlich schon da, und es war so nah dran, sich auch zu zeigen.

MENSCHEN SIND STOLZ: Sie greifen gern das auf, was verletzt, weil sie selbst verletzt sind. „Sich etwas trauen" kommt von Vertrauen, das Tragische daran ist, dass wir uns Bösartigkeit besonders den Menschen gegenüber wagen, die uns besonders nah und vertraut sind. Unser Bild voneinander steht ja sowieso fest. Warum dann noch charmant sein? Es gibt nichts mehr zu gewinnen – das ist wohl einer der tragischsten Lebensirrtümer – und zu verlieren auch wenig. Und schon geht es abwärts, und es wird aggressiv aneinander vorbei geredet und gelebt.

EINFACH WEITERLIEBEN, AUCH WENN ES NICHT VERDIENT IST? Was wäre gewesen, wenn es den Eltern als den Erfahrenen, Vernünftigen, die die Verantwortung tragen, gelungen wäre, das schlechte Gewissen ihrer Sprösslinge zu würdigen? Wenn es ihnen möglich gewesen wäre, sich auf diese tiefen Seelenschichten einzustimmen, in ihnen mitzuschwingen, nicht zu viel und nicht zu laut, aber ehrlich und sie dadurch sozusagen aufzuschaukeln, bis die Brücke des ganzen falschen Ersatzhandelns einstürzt, zumindest für dieses Mal.

WIE GEHT DAS? Durch Mitfühlen und Zuhören ohne eigenen Sendungsanspruch, dem Nachwuchs einfach nur seine Gefühle und Gedanken spiegeln, so dass er sie neu aus dem Mund der Eltern hören und in ihrem Gesicht sehen kann und sich dadurch selbst besser versteht. Das ist wie bei einem guten Film: Die Bilder mit ihrer Handlung und ihren eigenen Tönen reichen, erklärende Zusatzkommentare aus dem Off sind überflüssig.

DEN COOLNESSSPECK DURCHDRINGEN
Diskoabend: 24 Uhr ist Schluss

„Einerseits finde ich richtig und entlastend, dass Jugendliche zwar immer noch eine klare Orientierung brauchen, aber nicht mehr direkt zu ihrer Umsetzung gezwungen werden können. Andererseits kann ich doch nicht einfach immer nur meiner 16-jährigen Tochter wiederholen: Denke daran, komm' am Wochenende aus der Disko spätestens um Mitternacht nach Hause, und sie macht es einfach nicht. Soll ich wirklich darauf warten, dass die Wirklichkeit unbarmherzig zuschlägt?"

Da haben Sie Recht. Es gibt Außengrenzen des Verhaltens, hinter denen das Warten auf Einsicht nicht reicht, auch bei den Jugendlichen nicht, solange die Eltern noch die Erziehungsverantwortung tragen. Da müssen die Eltern doch kämpfen, aber das sollen Sie ja sowieso.

SIE MÜSSEN DOCH WIEDER BOSS SEIN. Genauer gesagt: Beim Überschreiten dieser Außengrenzen doch wieder Zwang ausüben, nicht nur reden und zuhören, sondern sich auch direkt durchsetzen. Das geht, so lange es wirklich nur diese letzten Außengrenzen betrifft und solange eine Beziehung da ist. Manchmal setzt die Verzweiflung auch ungeahnte Kräfte frei, und Eltern werden so echt und direkt, dass sie auf einmal den „Coolnessspeck", der die pubertierende Seele umgibt, durchdringen können.

AUSNAHMEN BESTÄTIGEN DIE REGEL: Diese Lebensweisheit trifft auch für Gefühlsausbrüche zu, wenn sie selten genug die Regel unterbrechen, ruhig und souverän zu bleiben. Die Ausnahme darf nur in ganz besonderen Situationen seelischer Not zur Geltung kommen. Schleicht sie sich sozusagen als „Unterregel" ein, macht sie alles kaputt.

WAS IST ABER KONKRET ZU TUN? Ich würde meinem 16-jährigen Kind deutlich machen, dass die Regelung, um 24 Uhr die Disko zu verlassen, das absolute Maximum ist. „Weil du dich nicht daran gehalten hast, ist dein Ausgang am nächsten Wochenende gestrichen! Ganz abgesehen von der Angst, die ich um dich habe: Ich kann und will mich nicht strafbar machen. Das Jugendschutzgesetz schreibt vor, dass du eine Gaststätte ohne Begleitung Erziehungsberechtigter spätestens um 24 Uhr zu verlassen hast."

AUTORENPORTRÄT

Dr. paed. habil. Ralf Hickethier, geboren 1951, hat drei erwachsene Söhne und eine Enkeltochter. Dem Lehrerstudium schloss sich ein dreijähriges Forschungsstudium auf dem Gebiet der Pädagogischen Psychologie an (1978: Dr. paed.). 1979 bis 1991 war er als wissenschaftlicher Mitarbeiter und Hochschuldozent (1990) für Allgemeine und Persönlichkeitspsychologie an der Pädagogischen Hochschule „Clara Zetkin" Leipzig (1987: Dr. sc. paed.) tätig. Ohne sich von der Pädagogik und der Psychologie der Erziehung abzuwenden, arbeitet er seit 1993 hauptsächlich als Verkehrspsychologe.

www.RalfHickethier.de

LITERATURVERZEICHNIS

BAUER, JOACHIM	Lob der Schule: Sieben Perspektiven für Schüler, Lehrer & Eltern. Hamburg 2007
BIDDULPH, STEVE	Das Geheimnis glücklicher Kinder. München 1994
BUEB, BERNHARD	Lob der Disziplin – Eine Streitschrift. Berlin 2006
GORDON, THOMAS	Die neue Erziehungskonferenz: Kinder erziehen ohne zu strafen. Hamburg 1994
HELLINGER, BERT	Ordnungen der Liebe: Ein Kursbuch. Heidelberg 1995
HENSEL, HORST	Erziehungsnotstand – Eine Streitschrift für Erziehungspolitik. Asendorf 2003
HENSEL, HORST	Erziehen lernen! Streitschrift wider die Konsenspädagogik. Seelze-Velber 2005
HENTIG, HARTMUT VON	Bewährung. Von der nützlichen Erfahrung, nützlich zu sein. München/Wien 2006
HICKETHIER, RALF	Demokratie in der Schule – Führung der Lehrer ade? In: Entschulung der Schule? Berlin 1990
HICKETHIER, RALF	Mut zum Ganzen: Ordnung und Freiheit. Denkanregungen für Eltern und Pädagogen, die es noch nicht aufgegeben haben, ihre Kinder/ Schüler erziehen zu wollen. Leipzig 1998
LIEDLOFF, JEAN	Auf der Suche nach dem verlorenen Glück: Gegen die Zerstörung unserer Glücksfähigkeit in der frühen Kindheit. München 1995
MILLER, ALICE	Am Anfang war Erziehung. Frankfurt/Main 1983
PREKOP, JIRINA & SCHWEITZER, CHRISTEL	Unruhige Kinder. Ein Ratgeber für beunruhigte Eltern. München 1994
PREKOP, JIRINA	Hättest du mich festgehalten ... Grundlagen und Anwendung der Festhalte-Therapie. München 1995
PREKOP, JIRINA	Der kleine Tyrann: Welchen Halt brauchen Kinder? München 1995
PREKOP, JIRINA	Schlaf Kindlein – verflixt noch mal! München 1996
WINTERHOFF, MICHAEL	Warum unsere Kinder Tyrannen werden. Oder: Die Abschaffung der Kindheit. Gütersloh 2008